Encore plus de fleurs et d'épines!

Un troisième recueil de chants et de poésie

Luc A. Granger

Encore plus de fleurs et d'épines!

Un troisième recueil de chants et de poésie

© 2017 Luc A. Granger (Éditions du Ch'min Hemming)

Edition : BoD – Books on Demand
12/14 rond-point des Champs Elysées
75008 Paris

Imprimé par BoD – Books on Demand, Norderstedt
ISBN : 9782322140466

Dépôt légal : Avril 2017

Je dédie ce troisième recueil de chants et de poésie à tous les membres de toutes mes familles.

Encore merci au monde pour m'avoir inspiré plusieurs chants et poèmes de ce recueil; on me souffle à l'oreille qu'il continuera d'être l'un de mes meilleurs fournisseurs de faits et d'anecdotes! Ô! Dieu, puisse l'émotion ne mourir jamais!

Un clin d'œil admiratif à Marc Favreau et à son personnage de Sol, un clown jongleur de mots, conteur et poète. J'ai joué à faire le «clone» dans la deuxième partie de cet ouvrage.

TABLE DES MATIÈRES

VIVRE/SOUFFRIR/MOURIR

Vivre, souffrir et mourir	page 9
Laissez venir à moi...	page 10
J'ai créé un ange!	page 14
Plus un extrait de : *Si Dieu existe* (Claude Dubois)	
L'homme vs la Nature : le combat!	page 16
Pôl Uwé, le petit brocanteur	page 18

LA VIE DE MON PAYS

«Fatras» de Prévert	page 19

Incluant 3 extraits de chansons de nos plus grands :
L'alouette en colère (Félix Leclerc)
Les gens de mon pays (Gilles Vigneault)
Quand les hommes vivront d'amour (Raymond Lévesque)

Les sept péchés du capital	page 21
Qui sont nos modèles?	page 24
Québec	page 26
L'accident de Québec	page 27
Mes beaux-frères	page 28
Le respect de l'habit	page 30

VIVRE EN AMOUR

Une autre histoire d'amour – Mais à quels titres?	page 31

LA VIE DES MIENS

L'odyssée de l'ancêtre Laurent Granger	page 37
Hommage de Luc à son père	page 45
Ô Mères!	page 51
Discours à l'occasion d'un 10e anniversaire	page 52
45e anniversaire de mariage d'Yvonne et d'Ernest	page 53
Plus un extrait de : *Quand on n'a que l'amour* (Jacques Brel)	
50e anniversaire de mariage d'Yvonne et d'Ernest	page 57
Plus un extrait de : *On va s'aimer encore* (Vincent Vallières)	
Pour les 80 ans d'Ernest Poisson	page 59
J'ai oublié	page 65
Le marché Verlaine	page 66
Les retrouvailles des amis de la Côte	page 67

LE FRANÇAIS À LA LIVRE

Lettre d'un séminariste à son père	page 69
Sexagération en sextine	page 71
Gros bouquin, grosse déception	page 72
L'histoire d'A	page 75
L'Arche de Zoé	page 76
Petite leçon de français no 1	page 77
Petite leçon de français no 2	page 82
La volière en folie	page 86
L'aquarium en folie	page 87
Le jardin botanique en folie	page 89
Historia ex-tréma	page 92

Plus un extrait de : La langue de chez nous (Yves Duteuil)

Lectures indigestes :

Où est le hic?	page 94
Une arnaque démoniaque	page 95
Le troc du froc	page 96

Plus un extrait de : Moi, j'mange (Angèle Arseneau)

Déçu de ça?	page 98

Plus un extrait de : Encore des mots (Plume Latraverse)

Les potes Ti-Pat et Ti-Pit	page 100
Une armée de «lettrés» «sans-papier»	page 101
Jouer en français	page 103
Jouer en français – Solutions et explications	page 104

DES FLEURS ET DES ÉPINES

Les deux frères	page 105
Comme «maman» fait-elle?	page 106
Ô! Si le petit chapeau te fait...	page 107

Ô Musique!

Pour la joie, la peine, la vie, la mort, pas de panique :
Il y a moi, il y a toi, il y a l'amour et il y a la musique!

VIVRE/SOUFFRIR/MOURIR
Vivre, souffrir et mourir... (Mars 2017)

Pour ceux et celles qui vivent leur mort
presque aussi longtemps qu'ils ont vécu leur vie.

Naître
Vivre
Vivre peu
Vivre un peu
Vivre un peu plus
Vivre un peu plus longtemps
Vivre bien
Vivre mieux
Vivre un peu mieux
Ah! Vivre vraiment!
Vivre un malaise
Vivre un mal
Vivre malade
Vivre malade longtemps
Vivre malade très longtemps
Mourir petit à petit
Mourir à petit feu
Mourir longtemps
Mourir très longtemps
Mourir trop longtemps
Vivre peu
Vivre mal
Vivoter
Ne plus vivre
Survivre
Sousvivre
Et mourir
Mourir sans fin
Mourir à la fin
Ah! Mourir enfin!

Laissez venir à moi... (Février 2017)

Pour tous les enfants de la Terre abusés par leurs protecteurs qui ont lâchement et violemment «scrappé» leur enfance.

Laissez venir à moi tous les petits enfants
Aurait dit Jésus-Christ lors d'un rassemblement
Chacun sait que leur monde n'est qu'innocence
Qu'ils ont à l'égard des grands, pleine confiance

Le curé dit aux parents : confiez-moi ce garçon
Il sera servant de messe en quatre leçons
On le vit donc à l'offertoire du dimanche
Tendre burettes, bras menus sortant des manches

Le prêtre fit porter l'essence de son sermon
Sur l'amour du prochain, le respect : être bon!
Voilà la seule façon, voilà la recette
Pour, du firmament, devenir une vedette

Le jeune, tout fier, tout nerveux, tout solennel
Affichait altière mine devant son paternel
Ayant réalisé chacune de ses tâches :
«Merci mon Dieu! Et sans que mes jambes ne lâchent!»

Le célébrant remit à l'enfant son amict
Tout en lui faisant forces sourires amis
«Ite missa est», le monde quittait l'église
Le retour en sacristie était donc de mise

Le jeune ôta sa belle aube immaculée
Et, à cet instant précis, tout a basculé
Cet homme, pourtant si fin, si doux, si bonasse
Fit une chose insensée et dégueulasse

Dans les yeux du jeune enfant, des larmes coulaient
Trop de joie, d'allégresse? C'est ce qu'on croyait…
Ce qu'on ne savait pas, c'est qu'après cette messe
Le célébrant lui avait farfouillé les fesses

«N'en parle pas à tes parents», ordonna-t-il!
«Apprends : souffrir est humain, c'est dans son profil
Pour aller au ciel, il faut subir en silence
Désobéir serait d'une grande imprudence»

L'enfant se tut, sur ceci, sur cela, sur tout
Il devint taciturne, renfermé surtout
On ne le vit plus jamais sourire, ni rire
Il était en santé : on le crut capricieux, ou pire

Le môme pensait que quelqu'un autour de lui
Pourrait deviner ce qui causait son ennui
Il croyait aussi à la justice immanente
En vain! Les foudres de Dieu restèrent absentes

Beaucoup plus tard, il apprit que le Vatican
Fut mis au fait, mais il n'en fit aucun boucan
Évêques, archevêques, et même le pape
Savaient; on tut tout, aucun curé n'eut de tape

«On ne remet pas en cause la sainteté
Du sacerdoce et du vœu de chasteté
Pour quelques vies salies, gâchées, brisées, détruites
Ces choses-là, se sont-elles vraiment produites?»

Lui sortit de son mutisme finalement
Puis d'autres voix s'élevèrent également
On fit plusieurs procès; ce qu'on voulait en somme
Renaître, et regagner sa dignité d'homme

Il a fallu un tribunal, trente ans plus tard
Pour punir les clercs qui, cachés dans un brouillard
Créé par la sainte institution catholique
Se terraient dans un silence pharisaïque

Comment pouvaient-ils prétendre aimer leur Dieu
Après avoir, en d'autres temps, en d'autres lieux
Abusé de tant de personnes innocentes?
Et mener une conduite aussi indécente?

Comment ont-ils pu vivre pendant tant d'années?
Se confesser était-il un tel succédané
Qu'ils pouvaient s'endormir, dormir l'âme légère
Leurs fautes toutes pardonnées, par prêtre frère?

Quelle pénitence avaient-ils pu recevoir :
Réciter quelques Ave, oui, juste pour voir?
A-t-on vraiment cru que cela pourrait suffire?
La rechute était-elle si dure à prédire?

Revenons à l'enseignement de Jésus-Christ :
«Nul n'entrera dans mon royaume, je le crie
Si votre âme et votre cœur ne sont semblables
À ceux d'un enfant, doux, pur et irréprochable

Oui, laissez venir à moi les petits enfants
Qu'on ne touche pas à aucun de ces innocents
Protégez-les, et prenez-en surtout grand soin
À qui les abusera, l'enfer n'est pas loin!»

Toute mon enfance ne fut que ça, l'enfer...
Je servais des messes de morts pour Lucifer
Chaque dimanche, mon curé avait des cornes
Et un membre viril qui dépassait les bornes

Les communautés fautives ont payé cher
En argent; moi, j'avais payé mais dans ma chair
Dans mon cœur, et dans mon esprit, et dans mon âme
L'abandon coupable à cet être infâme

Car j'étais jeune, j'étais petit et confiant
Je mangeais de la religion, j'en étais friand
J'avais comme seul rêve : devenir un prêtre
Être un modèle, et le protecteur des êtres

Je devais accepter humblement de souffrir
De tous les coups que la vie avait à m'offrir
Voilà, je consentirais à tous les sacrifices
Pour pouvoir célébrer un jour le saint office

Un jour, je n'en pus plus, je quittai tristement
Accusant l'ancien et le nouveau testament
De tous les torts, de toutes mes mésaventures
Je ne retins que l'œil pour œil, pour la facture

Je l'ai dit : leur délit est domaine public
Ces hommes, grands naguère, ont coulé à pic
On les croyait emplis de bonté, de sagesse
Lors qu'ils n'étaient que désir de chair et faiblesse

La fin de mon histoire n'est pas le bonheur
Aucune peine n'apportant la paix du cœur
Mon prêtre était un Judas, et rien, non, rien d'autre!
J'étais l'enfant Jésus, trahi par son apôtre...

•_•

**Si Dieu existe et qu'il t'aime comme tu aimes
Les oiseaux comme un fou comme un ange...**
Claude Dubois

J'ai créé un ange (Février 2017)

À Saint-Élie-de-Caxton, le dimanche 19 février 2017, Miley Gauthier, 4 ans, a été écrasée par la camionnette conduite par son père. Celui-ci reculait sa camionnette dans l'entrée de sa propriété du chemin Bellerive. Constatant les graves blessures de sa fille, le père l'a mise dans la voiture et a pris la direction de l'hôpital. En chemin, l'homme a contacté les autorités et, à Saint-Boniface, il a transféré sa fille aux ambulanciers. La mort de l'enfant a été constatée à l'hôpital où le père a dû être, lui, hospitalisé pour choc nerveux.

Y a-t-il plus grande souffrance en ce bas monde
Que celle de parents à qui l'on ôte un enfant
Par causes externes : maladie, ou geste immonde?
Et autres vies gâchées par un mal étouffant!

On en veut à mort à quelqu'un qui n'est pas nous :
On en veut au destin, ou à Dieu, ou à Diable
On pleure, on crie, on supplie, debout, à genoux
Sans venir à bout du grand mal qui nous accable

Il existe une douleur qui encor plus dérange
Tel père qui, ce malgré maintes précautions
Fauche la vie de l'objet de sa dévotion
«Aujourd'hui, quel grand malheur : j'ai créé un ange!»

Tout en priant son ange de lui pardonner
Son geste, aussi funeste qu'inattendu
Il revivra ces instants qui l'ont condamné
Lui, à un perpétuel «Ah! J'aurais donc dû!»

Est-ce qu'on peut s'évader d'un tel cauchemar?
Peut-on guérir d'une blessure aussi profonde?
«Ne serais-je désormais plus qu'un nénuphar
Errant, flottant, mort, à la surface de l'onde?... »

Qu'être quand on est, par le remords, poursuivi?
Pouvoir remonter le temps, créer la machine
À redonner l'espoir, à redonner la vie!
Cet engin n'existe pas... mais moi, j'imagine...

Il ne me reste plus que l'imagination
Cette folle du logis qui vit dans ma tête
Je ne suis qu'un yo-yo de grande dimension
Qui dort les jours de peine, et les jours de fête

Je ne verrai pas ma fille entrer à l'école
Rapporter à la maison devoirs et leçons
Je ne serai pas celui qui comprend les colles
Qui en fait une charade, une chanson

Je ne la verrai pas, ma fille, se marier
Avec un garçon que j'aurais aimé connaître
Il m'est inutile désormais de parier
Sur le nombre de mes petits-enfants à naître

Je ne verrai pas ma fille devenir mère
Aimer, aider, punir, s'inquiéter, s'emballer
Éviter à ses enfants peines et misère
Jusqu'au jour où, eux aussi, s'en seraient allés

Non, ma fille ne peut plus grandir ni vieillir
Évaporées à jamais ses joies et ses peines
Elle ne pourra plus ni aimer ni haïr
Toutes ces espérances sont devenues vaines

Je suis la cause de toutes ces conséquences
Ma vie n'est plus qu'une condamnation à mort
Qui commence dès maintenant, forte et intense
Qui me rappelle tous les jours quel est mon tort

Voilà! Adieu ma fille et bonjour mon ange
Prie fort pour ton père qui vivait pour t'aimer
Ouïr un son, voir une image de toi dérangent
Comme je souffre! J'ai mal à en blasphémer!

L'Homme vs la Nature : le combat (mars 2017)

**L'humain est un génie du bien et un génie du mal;
il est capable du meilleur comme du pire...**

Dans le coin gauche, voici madame Nature
Dans le coin droit, l'Homme, quelle musculature!
Un combat de morts entre ces deux adversaires
Déterminera qui est le plus sanguinaire

D'abord la Nature, car l'Homme vint après
Puis quelques jabs pour stimuler notre mémoire
Plus tard, vous comprendrez que j'ai fait tout exprès
Histoire de bien puncher ma petite histoire

Elle est experte en cataclysmes et tempêtes
La Nature qui supprime bon an mal an
Quelques millions de vies, quelques millions de têtes
Qui s'ajoutent aux morts naturelles s'entend

Voici des statistiques qui ne mentent pas
En Chine, dans l'histoire, cinq crues meurtrières
Ont fait un peu plus de deux millions de trépas
Huit cent mille morts dans un tremblement de terre

Voilà les pires catastrophes naturelles
Chacun des autres séismes, et quel qu'il soit
A causé moins de dommages et de séquelles...
Nature, on peut quand même te montrer du doigt!

Y a-t-il un dieu ou un diable ici-bas
Qui permît que de telles choses arrivent?
Qui eût créé toutes les vies puis un bât
Se mutant en arme de destruction massive?

Dans l'autre coin nous avions, souvenez-vous, l'Homme
Le jeune challenger qui veut faire ses preuves
Démontrer qu'il a bien mangé de cette pomme
Qui l'a exclu de l'Éden, soumis aux épreuves

Depuis ce jour, il rêve de gloire, de pouvoir
Tapant sur son voisin à grands coups de gourdins
Pour tuer son être et lui soutirer son avoir
Violer sa femme et agrandir son jardin

Inventant la science, il a inventé les armes
Il se fit une épée, une lance et un arc
Bâtit une catapulte semant l'alarme
Pour, dans l'histoire et dans le sang, laisser sa marque

Pourquoi le challenger, insatiable meurtrier
Se serait-il arrêté là sur cette route?
La poudre, la dynamite furent créées
Puis la bombe atomique, la pire de toute

C'est à partir de là que l'Homme fut capable
De bien faire dans ce match de morts à finir
Ses deux dernières guerres ont eu de notable
La niaiserie pour cause, il faut s'en souvenir

Le bilan des conflits, il ne fait plus débat
Soixante-dix millions de personnes sont mortes!
L'Homme est donc déclaré grand gagnant du combat
K.O. Nature qui se croyait la plus forte!

Note : Après le combat, certaines personnes qui gravitent autour de dame Nature, l'auraient entendu grommeler menaces et paroles de revanche; ce qui n'augure rien de bon pour l'avenir de l'Homme. À suivre...

Pôl Uwé, le petit brocanteur (Mars 2017)
Agbogbloshie, banlieue d'Accra, Ghana, Afrique occidentale

Moi, je suis Pôl Uwé, le petit brocanteur
Mes amis et moi vivons sur une montagne
Téléphones, micro-ondes, ordinateurs
Sont les objets, les raisons de notre campagne

Nous y sommes jusqu'à la tombée de la nuit
Nous fouillons, farfouillons le mont et ses entrailles
Deux cent mille tonnes de déchets, de débris
Tâter, ausculter, trouver, c'est notre bataille

Mon travail : trouver des métaux lourds ou précieux!
Donc, je marche dans la ferraille et le plastique
Je me sens aussi près de l'enfer que des cieux
Sur ces épaves de déchets électroniques

Quatre années déjà que j'excerce ce métier
Le docteur me dit que j'ai un mal pulmonaire
«Mal incurable, à moins que vous arrêtiez»
Dans mon village, qu'y a-t-il d'autre à faire?

Depuis lors, je ne me pose plus la question
Ma famille a besoin de l'argent que je ramène
Pour mes parents malades, pris de congestion
Je continuerai donc mon ascension quotidienne

Moi, je suis Pôl Uwé, le petit brocanteur
J'ai eu douze ans lundi, la dernière semaine
Je suis sur ma montagne, chaque jour, vingt heures
Je mourrai jeune... qui en aura de la peine?

LA VIE DE MON PAYS
«Fatras» de Prévert (Mars 2017)

Ce matin, je suis en train de compter mes vers
Tout en savourant un bon café dans un verre
La une d'un journal m'a mis tout à l'envers :
«Le Québec est vermoulu : oui, il a des vers!
Les Québecois ne sont que des frères convers
Au nationalisme doux, timide et larvaire
Ses pires soubresauts ne sont que faits divers
Un pays! Lubie remise au diable vauvert!»
Ah! Québec! Ton poète est en beau joualvaire :

L'alouette en colère (1972) (Extrait)
Félix Leclerc (02/08/1914 - 08-08-1988)

J'ai un fils dépouillé
Comme le fût son père
Porteur d'eau, scieur de bois
Locataire et chômeur
Dans son propre pays
Il ne lui reste plus
Qu'la belle vue sur le fleuve
Et sa langue maternelle
Qu'on ne reconnaît pas

Je me suis endormi : j'ai rêvé d'un pré vert
D'un conte de fée avec des souliers de vair
Dans lequel le Québec sortait de son calvaire
Un Québec orgueilleux mais bien ouvert!
À force de picosser comme le pivert
Il avançait, bien mieux, il passait au travers
Pour fêter sa liberté nouvelle, mettait le couvert
Sur la table fleurie, du drapeau recouvert...
Ton poète dit : «Finis les peurs, les revers!» :

Les gens de mon pays (1965) (Extrait)
Gilles Vigneault (27/10/1928)

Je vous entends cogner
Comme mer en falaise
Je vous entends passer
Comme glace en débâcle
Je vous entends demain
Parler de liberté

Québec, ce pays à l'avenir entr'ouvert
On l'encourage bien : continue, persévère
Surtout, mon Québec, ne déçois pas l'univers
Sois une nation à la probité sévère
Celui qui aide l'autre à sortir de l'hiver
Celui qui prône paix, amour; bas les revolvers!
Sois celui qui, au fusil, met la primevère
Si la guerre se joue pile, choisit l'avers!
Cela redonnera espoir à ton trouvère :

Quand les hommes vivront d'amour (1956) (Extrait)
Raymond Lévesque (07/10/1928)

Quand les hommes vivront d'amour
Il n'y aura plus de misère
Et commenceront les beaux jours
Mais nous nous serons morts mon frère
Quand les hommes vivront d'amour
Ce sera la paix sur la terre
Les soldats seront troubadour
Mais nous, nous serons morts mon frère

Un rêve à titiller nos glandes salivaires
Un pays en gestation dans un commun ovaire
Mais sachez de quoi ce devoir est recouvert :
Marcher, œuvrer, main dans la main, à découvert!

20

Les sept péchés du capital (Mars 2017)

La publicité, maligne, rusée, et sans vergogne, utilise toutes les faiblesses de l'humain. Il est possible de prendre une série de publicités et d'identifier le péché capital ou les péchés capitaux qui sont sollicités : déculpabiliser la paresse (oubliez vos soucis), justifier l'orgueil (parce que je le mérite), exciter la luxure (en général par l'image), stimuler la cupidité et l'avarice (placements financiers et immobiliers), susciter l'envie et la jalousie (tous les autres en ont...), déculpabiliser la gourmandise (non, manger ne peut pas vous faire de mal).

La publicité est un mal nécessaire, nous dit-on
Sans elle, pas de journaux, de radio, de télévision
Les sponsors en profitent pour profiter de nous, nigauds
Qui sommes humains avec nos faiblesses et nos défauts

Naguère, la pub se faisait plus discrète, plus timide
On sentait sa gêne à interrompre notre émission
Son bien se vantait en quinze secondes, c'était rapide
Elle agaçait mais on se plaignait peu de cette intrusion

Mais disons-le franchement, déjà elle était mensongère :
La cigarette de bon goût pour tout ce que tu espères!
Elle promettait du rêve, de l'à-peu-près et du faux
Car trente ans de fumée plus tard, tes poumons te font défaut

Avec cette voiture, tu te sentiras plus puissant
Elle a les formes de la pin-up vêtue de presque rien
Qui te dévoile son corps et le crédit qu'on te consent
Égorgé, peut-être... rouler en fou te fera du bien!

Viens te régaler dans notre établissement de fast-food
Hambourgeois jumbo, liqueur géante, frites illimitées
Question santé, n'écoute pas les alarmistes qui boudent
Et qui sèment le bruit que gras et sel sont calamités

As-tu acheté ton billet de loterie «sept-cinquante»?
Avec quarante millions : achète tout ce qui te tente
Tu pourrais cesser de travailler, paresse vagabonde
Tout ça est possible, la chance appartient à tout le monde

Chez nous, chez Bancroûte, on s'occupe de tes placements
D'ici dix ans, ou vingt, ou trente, ou aux calendes grecques
Tu deviendras riche tel Crésus, Onassis, ou un cheik
À moins que survienne un krash en bourse, évidemment

On vit la publicité, avec le temps, se sentir plus forte
Indispensable, on ne pouvait plus la mettre à la porte
Elle rallongea ses annonces et multiplia ses spots
Pour nous vendre ses chars, sa bière et ses petites culottes

Le CRTC*, c'est notre organisme chien de garde
Les maisons de publicité savent comment on l'éblouit!
Leurs annonces, leurs pubs, pouvaient bien n'être que de la marde
Quand on lui offre un os à ronger, lui, toujours, répond : oui

Là, j'en vois qui tiquent sur la vigueur de mon commentaire
Il exagère un brin, même beaucoup, il devrait se taire
Je vous fais une démonstration mutatis mutandis
Vous verrez bien, vous aussi, à la fin, vous serez en criss

Le jeu et la boisson, hier apanage du crime organisé
Sont désormais repris et pris en charge par l'État
Leur publicité promet aux clients plaisirs garantis
La boisson noiera leur peine de n'être pas bien nantis

La preuve est faite que cigarettes et vitesse tuent
Mauvais placements, loterie font des suicidés, déçus
La malbouffe fait des obèses et des diabétiques
Libres toujours ceux qui causent ces résultats dramatiques!

Oui, nous vendre l'indispensable dont on n'a pas besoin
L'inutile superflu qui encombrera nos maisons
Les maisons de pub, pour ce faire, y mettent tout leur soin
Et tellement d'argent que c'en est scandale et déraison

Il arrive même, et même de plus en plus souvent
Que la publicité qui interromp le téléroman
Soit de meilleure qualité que l'émission elle-même
Ce qui en soit est d'un illogisme et un non-sens suprême

Et on pousse l'ironie jusqu'à faire des émissions
De trente minutes avec un objet ou une personne
Qui méritent zéro seconde, zéro considération
Jamais on n'ouït du CRTC une cloche qui sonne!

De plus en plus, est devenu possible avec la technique
De passer outre, d'éliminer les blocs publicitaires
Quelqu'un a-t-il avisé les sponsors qu'il y a un hic
Que tout leur investissement, de ce fait, tombe par terre

Orgueil, luxure, avarice, gourmandise, paresse
Envie, je les ai tous cités sans que cela trop paraisse
Les marchands de toc, sont des experts en rêve et illusion :
Leurs pubs sont mitraillettes qui tuent des vies à profusion

J'entends vos «Eh! Il a oublié un péché capital : la colère...»
Je sais compter jusqu'à sept, je l'ai donc gardé pour dessert
Autant de publicités vides, trompeuses, tant d'arnaques
Cela me met hors de moi, en beau fusil, en tabarnaque!

La preuve que les sponsors sont faux et mauvais :
Ils vendent leur salade en montrant des navets

*CRTC : **Conseil de la radiodiffusion et des télécommunications canadiennes**

Qui sont nos modèles? (mars 2017)

Pour avoir trempé dans des affaires malpropres
Certaines élites ont perdu leur nom propre!

Qui sont nos modèles? J'aimerais le savoir
Homme et femme de carrière, de devoir :
Qu'est-ce qui a bien pu vous passer par la tête?
Vous, au fond du lac, qui étiez haut sur la crête!

Vous qu'on aimait, qu'on adorait, qu'on admirait
Le top, le piédestal, vous allaient à merveille
On vous savait beau, grand, fort, sans autre intérêt
Que le bien public; l'intégrité sans pareille!

Un jour, – mais quel jour? – ce bien-là n'a plus suffi
De richesses, cupide, et d'orgueil, bouffie
La statue s'est mise à vaciller sur son socle
Vous désiriez veau d'or et gloire de Sophocle

On vous tenait pour un pilier de notre temple
Un gardien de l'intégrité et de l'éthique
Nous étions des admirateurs de votre exemple
Sur laquelle on voulait copier notre pratique

Voilà qu'aujourd'hui, vous faites pitié à voir
Vous êtes nu, vous êtes laid, et plus d'avoirs
Les procès qu'on vous fait jettent l'aura par terre
D'incorruptible à corrompu, ça nous atterre!

Policier, avocat, politicien ou maire
Abus de pouvoir, de confiance, abus de tout
Vous êtes lavé, cuit, on vous a fait taire
Madame le lieutenant-gouverneur, surtout!

Mais bon sang, quelle mouche vous a donc piqué?
Et d'où sortez-vous ce discours alambiqué?
Croyez-vous vraiment que votre histoire est crédible
Lors qu'elle vient juste d'être passer au crible?

Ce qui fait le plus mal, c'est la désillusion...
On vous croyait bien au-delà de tout soupçon
Puis, quand on vous eût vu à la télévision
Nous ne pûmes pas réprimer un grand frisson

Ce frisson exprimait la surprise de tous
De vous voir, élite, la police à vos trousses
De vous voir tomber au sol, vous, notre modèle
Qui nous inspirait l'espoir, comme l'hirondelle

Avec vous s'effondrent pans de la société
Qu'on croyait béton, solides, indestructibles
Notre trésor était votre notoriété
Et nous voilà plus pauvres que Job, dans la Bible!

Pauvres, amers, attristés, désillusionnés...
Si vous, vous nous avez trahis, abandonnés
Qui croire désormais? À qui faire confiance?
Untel en politique? Tel autre à la finance?

Une société sans modèles est agonisante
Un peuple sans chefs d'une grande probité
N'ira nulle part sinon sur pente glissante
Qui mène vers le bas, vers la médiocrité

La jeunesse, toujours, se cherche des héros
Et puisque ceux qui dirigent sont des zéros
Elle rêve aux utopies fausses, fantastiques
Elle se construit des avatars, du magique...

Québec (mars 2017)

Québec ne pratique plus sa religion
Québec n'enseigne plus son histoire
Québec ne parle plus sa langue

Québec a perdu son âme
Québec a perdu son cœur
Québec a perdu son esprit
Québec?
Que de la peau : plus de chair, plus d'os, plus de tripes!

Québec accueille la religion des autres
Québec conte l'histoire des autres
Québec parle la langue des autres
Québec est ouvert, inclusif et généreux
Québec est une Tour de Babel
Qui penche comme une Tour de Pise
Chargée de «maladministration» et de scandales
Québec vaut-il la peine de lui-même?
Québec «pays» a-t-il perdu de sa raison d'être?
Québec est-elle redevenue province canadienne?
Désormais, dira-t-on : la Province de Québec?
La belle Province...
...Comme dans le bon vieux temps quand j'étais jeune!
Avançons-nous par en arrière dans l'autobus du Québec?
Québec...
La belle et bonne Province... la drôle de province
Peut-être Québec a-t-il perdu le sens de l'honneur
Chose sûre, il n'a pas perdu le sens de l'humour :
Québec enfante des humoristes à «profudérision»
Il peut ainsi rire de lui-même tous les jours!

L'accident de Québec (mars 2017)

Hier soir, Québec a été retrouvé, inconscient
Sur le bord de l'autoroute transcanadienne
Pour le réveiller, on dut lui faire respirer des sels
Cerné par toutes sortes de bonnes gens
Qui disaient ne vouloir que son bien
Québec, sonné, ne se rappellait de rien
Il avait de la difficulté à rassembler ses idées
Il avait de la difficulté à parler
Son pouls ne faisait que hoqueter :
On ne décelait qu'une faible activité de la tête et du cœur
C'est ainsi que dans un demi-sommeil
Québec se mit à délirer : il scandait
À en perdre la voix
À en perdre la voie?
« Je suis un pays! Je suis un pays! »
On anesthésia illico Québec...
On augmenta la dose de ses médicaments...
On lui redonna sa suce et son nounours
Québec se calma, il se rendormit...
Surtout, laissons-le tranquille!
Les médecins ne s'entendant pas sur la cure
On lui fait gober, à Québec, des médicaments
Une panoplie de médicaments
Qu'on lui prescrit désormais aux quatre ans
Qui l'étourdissent
Qui l'engourdissent
Qui le mêlent
Qui l'indécisent
Qui le culpabilisent
Qui le dé-paysent

Mes beaux-frères (Mars 2017)

Quelqu'un est malade!
Vite, ça prend un médecin
Il n'y a pas de médecin
Il faut former un médecin
Ça prend une école de médecins
Il n'y a pas d'école de médecins
Il faut construire une école de médecins
On cherche un terrain pour y construire une école de médecins
Qui a un terrain assez grand pour une école?
Mon beau-frère a un terrain assez grand pour une école
Voilà on a trouvé un terrain pour l'école
Ça prend des matériaux pour construire une école
On n'a pas de matériaux pour construire une école
Qui a des matériaux pour construire une école?
Mon beau-frère a des matériaux pour construire une école
On a trouvé des matériaux pour construire l'école de médecins
Ça prend un contracteur pour construire l'école de médecins
Qui est contracteur en construction d'écoles?
Mon beau-frère est contracteur en construction d'écoles
On a trouvé un contracteur en construction d'écoles
On construit l'école de médecins
L'école de médecins est construite
Ça prend un professeur en médecine
On n'a pas de professeur en médecine
Qui connaît un professeur en médecine?
Mon beau-frère est professeur en médecine
On a trouvé un professeur en médecine
Le professeur en médecine forme un médecin
On a un médecin mais on n'a pas d'hôpital
Vite, ça prend un hôpital
Il faut construire un hôpital

On cherche un terrain pour construire un hôpital
Qui a un terrain assez grand pour construire un hôpital?
Mon beau-frère a un terrain assez grand pour un hôpital
Voilà on a trouvé un terrain pour l'hôpital
Ça prend des matériaux pour construire un hôpital
On n'a pas les matériaux pour construire un hôpital
Qui a des matériaux pour construire un hôpital?
Mon beau-frère a des matériaux pour construire un hôpital
Voilà on a trouvé des matériaux pour construire l'hôpital
Ça prend un contracteur pour construire l'hôpital
Qui est contracteur en construction d'hôpitaux?
Mon beau-frère est contracteur en construction d'hôpitaux
Voila on a trouvé un contracteur en construction d'hôpitaux
On construit l'hôpital
L'hôpital est construit
On a un hôpital
Ça prend un médecin
On a un médecin
Il ne manque que le malade
On va chercher le malade
Le malade est mort!
Vite, ça prend un prêtre!
Il n'y a pas de prêtre
Il faut former un prêtre
Ça prend une école de prêtres
On n'a pas d'école de prêtres
On n'a pas d'église non plus
Ça prend une église…

Morale immorale
Aux dernières nouvelles :
Mes beaux-frères sont riches, en santé et bénis des dieux!

Le respect de l'habit (Mars 2017)

Le rôle d'un porteur d'uniforme est renforci :
Il accorde à celui, à celle qui le portent
Un pouvoir, une aura, un savoir-faire précis
C'est lui qu'on appelle pour nous prêter main-forte

Armée, police, médecine et clergé :
Leurs membres, considérés comme des élites
Sont liées par des lois; ils n'en peuvent déroger
Car l'intégrité, l'honnêteté sont tacites

Il est bien entendu, hier tout comme aujourd'hui
Qu'on ne juge pas un homme sur l'apparence
Dire que l'habit fait le moine, c'est gratuit :
Certaines pommes pourries vivent dans l'élégance

Une fois passés en revue tous ces aspects
Qui peut vraiment se surprendre qu'elle se vide
La fragile, la friable boîte de respect
Pour tous les policiers en braies bizarroïdes?

On dit que c'est là le seul moyen de pression
Qui peut être utilisé dans les ciconstances
Cinq années que nos yeux vivent cette agression
Il est difficile de comprendre cette insistance

J'ai vu des ambulanciers ainsi accoutrés
Bien sûr, personne n'en mourra, il faut le dire
Mais quoi? Sans paraître exagérément outré
On peut voir là un virus qui ne fait plus rire

Allez la police : «Mettez donc vos vraies culottes!»

VIVRE EN AMOUR (Mars 2017)
(Hommage à Luc Cousineau (1944-mars 2017))
Une autre histoire d'amour... Mais à quels titres?

Michel Fugain : *Une belle histoire...*
Claude Michel : *Une histoire d'amour...*
Barbara : *Ma plus belle histoire d'amour!*
Georges Moustaki : *Il y avait un jardin*
Jean-Jacques Goldman : *Là-bas*
Lucille Dumont : *Là où... Le ciel se marie avec la mer*
Carole Laure : *Tout le monde le dit :*
Étienne Drapeau : *Le monde est beau!*
Jean Ferrat : *C'est beau la vie!*
Yves Montand : *C'est si bon*
Vivaldi : *Les quatre saisons...*
Maître Gims : *Pour commencer*
Henri Dès : *C'est le printemps*
Mano Solo : *La débâcle*
Guy Béart : *L'eau vive*
Dorothée : *Il faut chanter*
Félix Leclerc : *L'hymne au printemps*
Georges Brassens : *Les lilas*
André Claveau : *Cerisiers roses et pommiers blancs...*
Marianne et Dino : *C'est l'été!*
Joël Denis : *L'école est finie*
Pierre Lalonde : *C'est le temps des vacances*
Cora Vaucaire : *Le temps des cerises*
Joe Dassin : *L'été indien...*
Louis et Josée : *L'automne est arrivé...*
Georges Dor : *Le vent*
Yves Montand : *Les feuilles mortes*
Robert Charlebois : *Demain l'hiver...*
Adamo : *Tombe la neige*

Beau Dommage : *23 décembre*
Gabrielle Destroismaisons : *Et cetera...*
Gilbert Bécaud : *Et maintenant*
Dany *: Que... Cette histoire commence!*
Gilbert Bécaud : *C'est en septembre*
Alain Barrière : *Avant l'hiver*
Jacques Dutronc : *Il est cinq heures, Paris s'éveille*
Léo Ferré : *C'est extra!*
Charles Trenet : *Y'a d'la joie!*
Joe Dassin : Sur... *Les Champs-Élysées*
Édith Piaf : *La foule*
Alain Souchon : *Foule sentimentale...*
Claude François : *Comme d'habitude*
Gaëlle : *Ils marchent*
Les Compagnons de la chanson : *Bras dessus bras dessous*
Kevin Parent *: Ce beau monde-là*
La Compagnie Créole : *Collé, collé*
Fabienne Thibeault : *Les uns contre les autres...*
Gérard Lenorman : *C'est... La «ballade» des gens heureux!*
Renaud : *Fatigué...*
Ginette Reno *: Fatiguée?*
Mylène Farmer : *Je te dis :*
Denis Rolland *: Viens t'asseoir près de moi*
Georges Brassens : Ah!... *Les amoureux des bancs publics!*
Michel Fugain : *La jeunesse*
Léo Ferré : *Vingt ans*
Jean-Pierre Ferland : *Quand on aime, on a toujours vingt ans!*
Claude Léveillée : *Frédéric*
Elton John : *Daniel*
Vanessa Paradis : Ou... *Jos le taxi*
Lucie Marotte : *En amour avec toi*
Michel Pagliaro: *Fou de toi...*
Gilbert Bécaud : *Nathalie*

Hugues Aufray : *Céline*
Beau Dommage : *Ginette*
Beatles : *Michelle*
Rolling Stones : *Angie*
Simon & Garfunkel : *Cecilia*
Donald Lautrec : *Éloïse*
Michel Louvain : *Louise*
Kenny Rogers : *Lucille*
The Police : *Roxanne*
Creedence Clearwater Revival : *Suzie Q*
Francis Cabrel : ou... *Petite Marie*
Daniel Lavoie : *Qui sait?*
Julien Clerc : *Ma préférence* :
Christophe : *Aline!*
Daniel Lavoie : *Ils s'aiment*
Michel Fugain : Chacun... *Chante la vie, chante*
Édith Piaf : *L'hymne à l'amour!*
Jacques Brel : Ah!... *Quand on n'a que l'amour!*
Didier Barbelivien : *Elle,*
Garou, Daniel Lavoie, Patrick Fiori : *Belle* :
Marie Laforet : *Mon amour, mon ami*
Jean Ferrat : *Que serais-je sans toi?*
Serge Gainsbourg : *Je suis venu te dire*
Johnny Hallyday : *Que je t'aime!*
Mike Brant : *Laisse-moi t'aimer!*
Mini TFO : *Qu'est-ce que je vois*
Sylvain Cossette : *Dans tes yeux?*
Léo Ferré : *La mélancolie...*
Enrico Macias : *Dis-moi ce qui ne va pas?*
Michèle Torr : *Lui* :
Patrick Juvet : *Écoute-moi*
Serge Gainsbourg : *Je t'aime moi non plus*
Serge Gainsbourg : *Je suis venu te dire*

Le soldat Lebrun : *L'adieu du soldat*
Miossec : *La guerre!*
Gilles Vigneault : Pour... *Mon pays!*
Yves Duteuil : *Pour les enfants du monde entier!*
Marie Laforêt : *Mon amour, mon ami*
Jacques Brel : *Ne me quitte pas*
Léo Ferré : *Tu n'en reviendras pas!*
Nicole Martin : *Laisse-moi partir!*
Zachary Richard : Avec... *Jos batailleur*
Laurence Jalbert : *Je pars à l'autre bout du monde!*
Joffré : *Sur le champ de bataille*
Pascal Olive : *Le vieux fusil...*
Noir Silence : *La blessure...*
Laurence Jalbert : *Tomber...*
Mylène Farmer : *Comme j'ai mal!*
Charles Aznavour : *Aïe! Mourir pour toi!*
Les Sultans : *Non, non, non!*
Mendelson : *Je ne veux pas mourir!*
Francis Cabrel : *Docteur!*
Gerry Boulet : *Toujours vivant!*
Ginette Reno : *Ça va mieux!*
Gérard Lenorman : *Et moi, je chante*
Georges Hamel : *La chanson du prisonnier :*
Jann Halexender : *Que la vie est triste*
Isabelle Boulay : *Sans toi*
Johnny Hallyday : Derrière... *Les portes du pénitencier!*
Tino Rossi : *Cette nuit-là*
Il était une fois : *J'ai encore rêvé d'elle :*
Pierre Groscolas : *Elle me rend fou!*
Serge Lama : J'ai... *La maladie d'amour!*
Françoise Hardy : *Message personnel*
Danielle Messia : Que... *Je t'écris de la main gauche*
Francis Cabrel : À... *L'encre de tes yeux*

Yves Duteuil : Dans... *La langue de chez-nous*
Stéphane : *Quand tu liras cette lettre*
Francine Raymond : *Y'a les mots* :
Édith Piaf : *Non, je ne regrette rien!*
Alonzo : *Il le fallait*
Diane Dufresne : Pour... *Sauver la beauté du monde!*
Léo Ferré : Mais... *Avec le temps*
Alain Barrière : *Le temps qui passe*
Pauline Julien : *J'ai l'âme à la tendresse*
Laurent Pagny : *J'te jure*
Uraze : *C'est terminé*
Laurent Voulzy : *Le cœur grenadine*
Charles Aznavour : *C'est fini*
Tir Nam Beo : *Mon combat!*
Jean Gabin : *Maintenant, je sais...*
Isabelle Boulay : *Mon amour*
Les Sultans : *C'est à toi que je pense*
Wilfred Lebouthillier : *Je ferais tout*
Céline Dion : *Pour que tu m'aimes encore!*
Les V.R.P. : *Je n'en peux plus*
Niagara : *Je dois m'en aller*
Offenbach : *Faut que j'me pousse!*
Michel Sardou : *Aujourd'hui peut-être*
Claude Nougaro : *Tu verrras...*
Les Lutins : *Je cherche...*
Serge Reggiani : *Il suffirait de presque rien...*
Martine Bee, Jean-Claude Brialy : Aie... *La confiance...*
Harmonium : *Attends-moi!*
Shy'm : *Victoire!*
Holden : *Ce que je suis?*
Nicole Rieu : *Je suis...*
Boris Vian : *Le déserteur!*
Jean Ferrat : *Hourrah!*

Clémence Desrochers : *Quelques jours encore*
Jean-Pierre Ferland : Et... *Je reviens chez nous...*
Diane Dufresne : *Tiens-toé ben, j'arrive!*
Félix Leclerc : Par... *Le train du nord!*
Yelle : *Je veux te voir...*
Yves Montant : *C'est si bon*
Alain Bashung : *Te revoir*
Stevie Wonder : *Ma chérie amour!*
Félix Leclerc : *Le petit bonheur* :
Yvves Duteuil : *Prendre un enfant*
Grégoire : *Mon enfant*
Adrienne Pauly : *Dans mes bras!*
Lucienne Delyle : *Pour lui*
Paolo Noël : Faire le *...Petit papa Noël*
Paul et Paul : Quand... *C'est Noël*
Daniel Guichard : *Vivre à deux*
Natasha St-Pierre : *Vivre d'amour!*
Luc A. Granger : *Vivre*
Charles Aznavour : *La bohème...*
Traditionnel : *Boire un p'tit coup*
Georges Brassens : Avec... *Les copains d'abord*
Frédéric François : Puis... *Changer le monde!*
Thomas Dutronc : *Demain*
Raymond Lévesque : *Quand les hommes vivront d'amour*
Céline Dion : *Une colombe*
Mireille Mathieu : *Mille colombes*
Jean Ferrat : Et... *La paix sur Terre*
Charles Aznavour : *Désormais!*
Patrick Norman : *À jamais!*
Sylvain Cossette : *Pour toujours!*
Tragédie : *Éternellement!*

Ça vous fait réfléchir, vous, cette dernière chanson de Tragédie?
Annoncerait-elle un avenir «rose» mais plein d'épines?

LA VIE DES MIENS
L'odyssée de l'ancêtre Laurent Granger*

Le texte que vous vous apprêtez à lire décrit des événements qui se sont produits en l'an 1659 et après, avec les prénoms et noms de ma famille. Il a été mis à jour en août 1998, puis en mars 2017 aux fins de l'édition du présent recueil; c'est donc dire qu'il comprend les ajouts de noms consécutifs à la rencontre de la grande famille des Granger du 4 juillet 1998.

Il contient maintenant plus de 200 noms : d'ancêtres, de parents, de personnages, de lieux, d'événements.

La voici donc cette histoire «**THÉRÈSE**» émouvante!

1 – PROLOGUE

GÉRARDrement lu une histoire aussi belle! Pourtant **JEAN** ai lues des cent et d**ÉMILE**! Celle-ci, je l'avoue, me capt**YVES**, rien de moins. **MAURICE**quer de vous la conter si, bien sûr, vous désirez que je la **LISE**! **CÉLINE**oubliable histoire de notre ancêtre **Laurent Granger**.

2 - LE DÉPART

Parti de **FRANCE** ou d'Angleterre, de **LORRAINE** ou de Plymouth? Sa **NATHALY**té n'est pas très **CLAIRE**; mais de façon certaine, **JEANNE**once que cela se passait **LILIA** longtemps, au milieu du XVIIe siècle.

Là-bas, en Europe, Laurent était-il **CARPENTIER? MEUNIER? CHARTIER? BOUCHER?** On continue à s'inter**ROGER**. Il n'était sans doute pas **RICHARD**; il n'avait pas de **LAURENT** poches. Peut-être même n'avait-il que quelques **LOUIS**! Il n'était pas dans la che**VALÉRIE**. Il lui a fallu quitter le **ROY CHARLES** 1er et son pays, ce **BEAULIEU** de son enfance; oui, il a fallu qu'il abanDIONNE tout! Adieu la belle époque, le **GAËTAN**! À son départ, son père, **JOHN**? qui savait qu'il ne pouvait garder en **CAJUN LAURENCE** fils **BENJAMIN**, lui dit et recommanda : *«Laurent», comme on dit en Angleterre, «You are a good JACKSON! Toujours fort et **FRANÇOIS**!»*

Sur le navire par lequel il vint, l'histoire dit que peut-être tenait-il **LABARRE** les yeux fixés sur la **PROULX**. Peut-être pêchait-il le **POISSON**, du **SÉBASTIEN** ou le **BERNARD**-l'ermite pour nourrir l'équipage? Ce n'est pas très sûr! La traversée? **SAMY** au moins trois mois! Quand ils arrivèrent, ils ont **ANTHONY** un Te Deum!

3 - L'ARRIVÉE

Oui, enfin ils arRIVET en Am**ÉRIC**. Certains matelots, d'avoir trop bu, tombèrent **PLOUFFE** dans l'eau de la **BERGERON**ds; pas Laurent! Lui, dès qu'il mit pied sur les **PIERRETTE**s du rivage acadien, tel **SAMUEL** de Champlain, il cria : *«VICTOR»* et **CHANTAL**leluia!

Il acquit une terre, un **CLAUDE** dix arpents, un petit é**DENISE**olé couvert de **NOISEUX**tiers, de **COURCHESNE**s et de **BOISCLAIR**. Il lui fallut donc défricher **LAFOREST**, enlever les **PIERRE**s af**FLEURENT** le sol; il lui fallut le houx coupé, **LEHOUILLIER**, le houx brûlé; bâtir un **FORTIN** pour se prémunir, avec l'Indien a**GILLES**, m**ALAIN** qui de son **THOMAS**hawk peut faire fuir **LEGUERRIER** anglais, aux **ARSENEAULT** bien garnis contre qui on menait une lutte à un contre **CATHERINE**égale. Il lui fallut semer, puis en**GRANGER** la récolte. Ah! il n'était pas **MANSEAU**, pardon, manchot Laurent! Et comme le repos **DOMINIQUE**al (ou **DOMINIC**al) était bien mérité!

4 - LA RENCONTRE

Quand vit-il **MARIE** la première fois? À Pâques? À **NOËL**? Peu importe, il la vit! Écoutons Laurent : «*Depuis tantôt, je la regarde, je la reLUCque plutôt! Son **PORT-ROYAL***, **CÉCILE**s si longs et si beaux! **AKIM** plaisent! Elle est si **JULIE** dans son costume de coton **HÉLÈNE** du pays qui camoufle mal une **GEORGETTE** invitante! J'en suis encore tout **HÉBERT**lué! **ESTELLE**? Oui c'est elle! AnimALPHONSE lui demander sa mANNETTE! Oui, il faut que tu la **MARIE**s! Que tu la **MARIO** plus vite à part ça! **MARIE-ANGE** de mon foyer, comme cela sonne bien!*» Dès ce moment, il l'a **AIMÉ**e; et ce dénouement, il le vou**LUCIEN**. Il lui dit : «C'est toi que **JAMES**!» et la questionna : c'est l'**ACADIE** oui!

5 - LA GRANDE DEMANDE

Cet épisode est un **BOUDREAU**latique. C'est nerveux comme un taureau dans une corr**IDA**, le teint **BLANCHARD**, serré dans son lon**GABY** propre, invoquant son protecteur l'ange **GABRIELLE** et tel un **DANIEL(E)** jeté dans la fosse aux **LÉON**s ou un **DAVID** affrontant Goliath qu'il **VINCENT** plus attendre faire la grande demande à Laurent. Il frappa à la porte; «**ANDRÉ(E)ANNE** *est pas barrée, la porte!*», lui fut-il répondu.

Il hésita: «*Mais sors donc de ta coquille saint-**JACQUES**! Al**LÉA**boutit!*». De crainte qu'il s'em**MÉLANIE**aiseusement, il attaqua : «*Monsieur **LANDRY**, **JOSEPH**fleurer directement le sujet : app**RENÉ** que j'aime votre fille; je la veux pour épouse!*» Laurent ana**LISA** la chose; ce geste de l'hôte qu'il esti**MANON** l'ir**RITA** et lui fit ressentir un **GRAND DÉRANGEMENT** intérieur; pourtant, incrédule comme **THOMAS**, il l'entendit, l'enga**JEAN-LOUIS** tant espéré! «*Ce fut difficile, mais finalement,*

JOSÉE et **JAYSON** oui, l'affaire est dans le **ZACH!**», se dit Laurent qui s'assa**GINETTE**ment et redevint le **JOYAL**, **LETENDRE**, le **BENOÎT** qu'il était au fond. Alors, Monsieur Landry, **GÉNÉREUX**, offrit un verre de thé **MICHAUD** arrosé d'un lait un peu **CAYER**, il faut le dire, mais qu'on a**VALOIS** de bon cœur. «Laurent, l**ÈVE** ton verre et moi **MATHIAS**se, trinquons **STEVEN**-là que tu as et à la **FRANCINE**oubliable!» «A**VALÉRIE**, **KIM** dit! Ils **DEAN**èrent puis fumèrent du tabac, l'un du **MARYLÈNE**, l'autre de **VIRGINIE**.

6 - LE MARIAGE

Dans le **TEMPLE**, à la messe, **ÉMILIE** un texte d'**ISAÏE**, **JULIE** un passage de l'**ÉVANGÉLINE** de saint **MATHIEU**; **JANELLE** joua à l'orgue les har**MONIQUE**s traditionnelles. Puis vint l'échange : Laurent mit au doigt de Marie, qui avait m**ISABELLE** robe blanche, un **ANNE**eau serti d'une **AGATHE** brillante comme une **LUCIE**ole. Après le «In nomine **PATRICE**», Marie, pleurant comme une **MADELEINE**, lança le bouquet de fleurs, qu'elle ar**RACHEL**le-même, soit dit en passant. Ces fleurs, des roses **DESROSIERS** qu'elle cultive : «C'est Laurent et moi qui les liâmes, **WILLIAMS** ensemble!», pensait Marie tout émue. Ils sortirent du **TEMPLE** : «Comme **YVON** bien ensemble!» s'exclama monsieur **LABBÉ**, son **MICHEL**, pardon, son missel encore à la main.

Avant que la fête fût terminée, Laurent, l'œil **LOUISE**ant, dit à Marie: «Embarquez dans la voiture ma mie, ce **CARMEN**e à notre maison.»

7 - LA NUIT DE NOCES

Là, ils se couchèrent et s'en**ROBERT**rent de couvertures. Écoutons encore Marie : «D'une main caressante, Laurent **MÉLISSA** les cheveux, que j'avais **BRUNEAU**x, puis il enleva ma **ROBIDOUX**cement et...», vous savez le reste. Laurent lui, un instant, s'est cru **ALEXANDRE** le

Grand ou **GUILLAUME**, conquérant le **MAUDE**; peu après, il tombait dans les bras de Mor**PHÉBÉ**at!

8 - LA VIE QUOTIDIENNE

Laissons parler Marie. «*Oui, **MATHEW** donner car je ne suis pas une imbé**SYLVAINE** et gauche; au contraire, je suis assez m**ALINE** et me débrouille ad**MIREILLE**ment bien. Je connais le modus oper**ANDY** d'un foyer. Je **MÉNARD**himent ma maisonnée dont il faut que je ré**GHISLAIN**dispensable. Au printemps, je plante mes **THOMAS**-tes, mes **MARGUERITE**s et mes **DAHLIA**s en chantant «**MARIANNE** s'en va-t-au moulin» et «C'est la belle **FRANÇOISE**»; alors qu'à l'automne, Laurent et moi, nous éla**GRONMYR**tilles et bleuets. Chaque jour, je donne à manger **ROBICHAUD** aux quatre heures. **MAGALI**nacé, poules, canards, dindons, est nombreuse; mes quelques vaches, il faut être **FRANCIS**, donnent du bon lait. J'ai aussi un cochon et une co**SHON**. Bien qu'il ne soit pas jo**JOCELYN** qui pousse par ici, j'arrive à le tisser en invoquant **JOSEPHTE** et Marie. Bref, **JONATHAN** personne pour m'aider sauf peut-être **ST-PIERRE** et **CYNTHIA**cinthe pour la nourriture, saint **ANTOINE** pour la santé, saint **NICOLAS** pour les cadeaux et **SAINT-MAJORIQUE** pour le reste*».

«*Mes enfants? **GENEVIÈVE**idemment que pour eux : tous les matins, par la fenêtre d'une **DÉPORTATION** (des portes, Ah! Si on...) les regarde, Laurent et moi, tôt le **MARTIN**, partir pour l'école où ils apprendront que c'est **CHARLES**magne qui l'inventa, l'alphabet jus**CALIXTE**, jusqu'au Z peut-être et la musique «do-**RÉMI**». Leurs résultats? Jamais inférieurs au **4e RANG**!*». L'hiver, ils s'en vont mitaines aux mains pour éviter les **ANGÈLE**lures. Le midi, ils s'amènent **NADINER**.»

«Laurent lui, quand il **PHILIPPE**art aux champs, sur lesquels il laisse sa **MARCOTTE**idienne; il ôte les **ROXANNE**ée après année. Il est bien quand il **ÉDOUARD**. «Son blé et **SÉVIGNY** poussent en masse», disent les voisins. S'il fallait que j'**ÉLYSE**nt le meilleur habitant, je mettrais Laurent en haut de m**ALICE**! Il va là où il sait trouver **DENIS** et il y chasse la perdrix et le **MARTINE**t ou cueille framboises et bleuets — fruits qui font le meilleur **JUDITH**-on — qu'il rapporte à la maison telle la maman oiseau ses **VÉRONIQUE** pour ses oisillons **SOUHAIL**.» C'est ce qu'elle nous a dit pendant qu'**ALBERT**-çait son petit dernier.

Comme vous voyez, les moments de **JOHANNE** manquèrent pas; ne cherchez surtout pas à hue et **NADIA LAFAILLE** ou **DANY**croches dans leur vie **CARINE** y en a pas de bouts **TRISTAN**! Et s'il y en a eus, **MÉLANIE**, elle, Marie!

9 - ÉPILOGUE

Un jour, Laurent mourut de sa **BELLEMARE**; sur sa tombe : «Ci-**GHISLAIN**trépide matelot»; Marie aussi mourut; elle **GISÈLE** on ne sait où. Mais de **JUSTIN**, que nous voilà nombreux! Jus**CAMILLE** et plus! Notre ancêtre, s'il a laissé sa **MARC**, **SYLVIE**, c'est en chacun de nous, non? Il faut les aimer **ÉLÉONORE**r.

J'a**GUIBEAU**coup parler en public, mais il fallait bien que quelqu'un immorta**LIZA**t ce récit pour qu'on le **LIZANNE**-ée après année.

SARAH-ÈVEidemment pris une imagination plus fertile que la mienne; mais **JOSÉ-KARL**e sujet me semblait en valoir la peine. Mais l'intrigue de ce sa**PRÉCOURT** texte, il fallait que je **LANOUE** sans avoir l'air d'un débi**LETARTE** pour qu'on la

LISELLE! Aussi, beaucoup d'efforts **MATHILDE**mandé, oui, **YANN** a demandés!

Ah! J'oubliais! Laurent et Marie eurent huit enfants* à qui ils ne donnèrent pas les prénoms de **JESSICA, CLAIRINDA, MALYKA, LUDOVIC, JULIANNE, ÉVELYNE, ELLIOT** et **LAURIANE** car ils n'existaient pas à cette époque.

Quand Luc A. Granger eut fini sa p**ROSILDA**ta du 10 mars 1998 (modifié mars 2017).

•_•

* *Laurent (Lawrence) Granger*, né en 1637 à Plymouth, Angleterre, arrive en Acadie sur un bateau de Thomas Temple et s'installe à Port-Royal (Acadie) vers 1659. Il épouse, en 1666, Marie Landry, fille de René Landry et de Perrine Bourg, née à Port-Royal en 1648 et décédée en 1719. Laurent est décédé vers 1700. Leurs huit enfants se prénommaient (dans l'ordre de leur naissance) : Marie-Marguerite (1668), Pierre (1671), Jacques (1672), René (1676), *Claude* (1678), Marie (1680), Anne (1684) et Laurent (1688).

Au recensement de 1671, Laurent et Marie possèdent à la Grand-Prée une terre de 4 arpents, 5 bêtes à cornes et 6 brebis. À celui de 1693 : une terre de 12 arpents, 15 bêtes à cornes, 20 moutons, 12 cochons et 2 fusils. Le recensement de 1698 souligne, outre le cheptel, que Marie est veuve; celui de 1700, lui, indique que Laurent est toujours vivant?!?

LE GRAND DÉRANGEMENT : LES DÉPORTATIONS

Déportation de 1755 : près de 6 500 Acadiens;

Déportation de 1758 : près de 3 500 Acadiens;

De 1755 à 1763 : Environ 14 000 Acadiens ont été déportés, déplacés ou ont dû migrer.

Joseph Granger (1712-1792), (fils de Claude (1678-17??) et de Jeanne Guilbeau) petit-fils de Laurent, son épouse Josephte Robichaud et ses enfants sont déportés aux États-Unis en 1755. Leur fils *Pierre Granger* (1744-

1809) et sa femme Josephte Lanoue, détenus à Boston depuis 1755, reviennent d'exil. Ils s'installent près de St-Jean-sur-Richelieu à un endroit qui deviendra, en 1780, la paroisse de L'Acadie. Leur fils *Pierre Granger* (1776-1829), qui a marié Françoise Lafaille, est le premier de la lignée à naître au Québec.

En 1863, *Isaïe Granger* (1827-1890) et son épouse Phébé Boudreau achètent une terre dans le 4e Rang de Drummondville et y construisent leur maison. En 1888, la paroisse St-Majorique est fondée.

Avant de se marier avec Virginie Courchesne en 1872, *Calixte Granger* (1851-1926) achète une terre pas loin de celle de son père et il y construit une maison, puis une deuxième vers 1900, une ferme exploitée par Alphonse et son fils Léon par la suite.

Alphonse Granger (1890-1949) et Annette Janelle se marient en juin 1914 soit peu avant la Première Guerre mondiale. Ils y auront et élèveront leurs 12 enfants :

-*Thérèse* (Maurice Dionne) : Lucien, Roger;
-*Gérard* (Ida Beaulieu) : Jacques, Denise, Claude, Maurice, Monique, Claire, Bernard, Madeleine, Gaétan, Yvon, René, Angèle;
-*Marie-Ange* : Sœur Grise de Montréal;
-*Louis-Émile* (Marie-Ange Fleurent) : Yves, Francine, Jocelyn, Martine, Sylvie, Marylène, Mario;
-*Gabrielle* : Sœur Grise de Montréal;
-*Joseph* (Lorraine Michaud) : Jean-Louis, Rachel, Michel, Luc, Lucie, Robert, Pierre, Chantal;
-*Léon* (Gaby Boisclair) : Gisèle, Lise, Gilles, Marie-Hélène, Mireille, Céline;
Lucien (Pierrette Plante) : Danielle, Andrée, Louise-Anne;
-*Agathe* : Sœur des Sacrés-Cœurs;
-*Cécile* (Jean Beaulieu) : François, Aline, Sylvie;
-*Rita* : Sœur de Ste-Jeanne-d'Arc; et
-*Hélène*.

**Port-Royal, Nouvelle-Écosse, a été fondée en 1605 par Pierre Dugua de Mons, assisté de Samuel de Champlain. Elle fut la ville la plus peuplée et la capitale de l'Acadie jusqu'en 1710, l'année où les Anglais, l'ayant conquise définitivement, l'ont renommée Annapolis Royal. Entre 1605 et 1710, Port-Royal changea souvent de souverain; sa population acadienne française fut déportée en 1755.

Hommage de Luc à son père Joseph (Juillet 2008)
(8 juin 1924 - 8 juillet 2008)

Joseph Raymond Granger est l'enfant d'Alphonse Granger et d'Annette Janelle, cultivateurs établis à St-Majorique; il a fait des études qui ne se sont pas prolongées au-delà du début du Secondaire. Sachant cela, tous ceux qui connaissaient bien Joseph étaient étonnés par tout ce qu'il savait. Moi le premier.

À travers certains de mes souvenirs et certaines anecdotes, lettre par lettre, j'aimerais vous présenter Joseph, mon papa à moi.

Lettre G : Granger

Oui, comme dans **Granger**; une belle famille que celle de Joseph et de Lorraine, ma famille!

Comme dans **Granger** encore : une grande famille de mononcles, de matantes, de cousins et de cousines, qui faisaient de la belle visite le dimanche – aux Fêtes aussi – et des parties de cartes où ça parlait fort, ça riait fort et ça fumait fort ! Un vrai show de boucane dominical!

Lettres A et P : Autodidacte et Patenteux

Joseph était un autodidacte, c'est-à-dire qu'il s'est instruit en grande partie tout seul. Il y avait chez nous, quand j'étais petit, deux bibliothèques impressionnantes par leur hauteur et par leur contenu : des Jules Verne, des Perry Mason, des livres d'histoire, un gros dictionnaire bleu qui grossissait de mois en mois, etc.; Joseph s'intéressait à toutes sortes de choses, y compris bien sûr des choses très pratiques comme par exemples : la mécanique automobile, l'électricité, l'électronique;

les deux derniers, qu'il apprenait à partir de fascicules de l'Institut Teccart de Montréal. Ces nouvelles connaissances théoriques n'empêchaient pas papa Joseph de s'électrocuter de temps en temps lui aussi en manipulant les fils d'une prise de courant; mais lui, au moins, il savait **pourquoi** il s'électrocutait!

Voici deux de ses réalisations marquantes : Joseph a installé, entre chez nous et un voisin, un télégraphe, sans doute le premier et le seul télégraphe à avoir jamais existé sur le Chemin Hemming. À l'instar de son saint patron, mon père a été menuisier-charpentier, et à ce titre il a été l'inventeur du «on agrandit la maison par en-dedans juste en changeant les murs de place»; et il est, sans nul doute, le seul cas de tapissier à avoir recouvert les murs d'une maison avec du papier verdâtre provenant d'un rouleau d'une usine de papier située en amont ayant descendu la rivière St-François et ayant eu le malheur d'échouer devant chez nous! Que c'était laid! En outre, Joseph a été plombier, relieur, tisserand, peintre, bûcheron, et tellement d'autres choses...

Bref, Joseph s'intéressait à tout, à l'actualité, à l'histoire, à la généalogie, à la politique, à la religion, à la philosophie, à la musique y compris à notre musique des Beatles «peace and love» d'adolescents. Son savoir sur tous ces différents sujets impressionnait les amis que j'amenais à la maison; eux, ils n'en revenaient tout simplement pas que j'aie un père comme ça!

Lettre B : <u>Brave</u>

Juste pour vous dire que mon père était plus fort que le vôtre... J'en suis sûr! Le mien, un jour, assis sur le siège conducteur de l'auto, a fait fuir un chien méchant avec juste un bon coup de bâton sur le museum. Après j'ai été tranquille quelques jours dans ma *run* de journaux, le temps que le museum du chien se soit réparé!

Lettres B - B : Brigitte Bardot?

Joseph était **beau bonhomme**; quelqu'un de sa connaissance lui a fait ce compliment dimanche dernier au restaurant (c'est-à-dire une semaine avant son décès!). Je crois important de le mentionner, un, parce que c'est vrai, deux parce qu'on dit que je lui ressemble...

Lettre C : Celanese

La Celanese est une «shop» de textile de Drummondville où Joseph a travaillé plus de 30 ans comme employé d'abord puis comme «foreman», p'tit boss, i.e. contremaître; de plus, pendant plusieurs années, de sa période «employé», il a agi comme secrétaire syndical. Comme je me cherchais un emploi d'été, il m'y a fait entrer, jouant de ses connexions dans la place; il rêvait peut-être d'un successeur... J'y ai travaillé une seule journée, une journée d'enfer! J'ai enduré, la nuit qui a suivi, les pires crampes aux jambes que j'ai jamais eues et vécu, le lendemain, la pire journée de honte qui soit pour un p'tit gars : celle de ne pas avoir été à la hauteur des ambitions de son père!

Lettre T : Tournesol

Le tournesol est une fleur importante pour Joseph : Aline Noël et lui avaient depuis plusieurs années leurs petites habitudes régulières dans quelques restaurants de la région, principalement au *Tournesol* de St-Charles de Drummond. Ils fréquentaient aussi les restaurants le **Canadien** de Notre-Dame du Bon-Conseil et le **Calumet** de Pierreville. Quelle ne fut pas ma surprise de retrouver au **Canadien** des tournesols ornant le menu... et d'en trouver également dans la décoration du **Calumet**! Sauf erreur, je crois bien que Joseph et Aline choisissaient leur restaurant dans la mesure ou on retrouvait des tournesols quelque part dans l'établissement. On comprend mieux maintenant pourquoi certains, qui n'étaient pas au courant de ce fait, ont fait faillite...

Aline et Joseph font littéralement partie des murs du restaurant le **Tournesol** de St-Charles puisque on y a installé une photo d'eux dans l'établissement près de l'entrée des toilettes. J'ai compris en m'y rendant et en voyant pour la première fois cette photo pourquoi tous ceux qui revenaient du petit coin arrêtaient à notre table et parlaient respectueusement à Joseph et à Aline : ils devaient sans doute penser qu'ils étaient les propriétaires du restaurant!

Lettres : L - S - D : <u>Drogue?</u>

Rassurez-vous, Joseph ne prenait pas de drogues... Les lettres «LSD» sont pour **Lorraine** et **salles de danse**. Toute une époque que celle-là qui a vu ma mère et mon père se mettre à danser les danses sociales. Une sorte de retrouvailles pour un couple qui en avait probablement bien besoin après avoir élevé 8 enfants! Le couple s'était retrouvé dans cette activité, et nous, les enfants, on devait endurer les pratiques sonores (1-2-3, 1-2-3, etc.) dans notre salon et le fait qu'on devenait orphelins tous les samedis soir.

Lettres V - H : <u>La sauce?</u>

Rien à voir avec la sauce de ce nom... «V» c'est pour **violon** et **violoneux**; «H» pour **hypnotiseur** : ce qu'il a pu aimer cela jouer du violon, Joseph! Et comme j'étais fier de l'accompagner à la guitare même si j'avais la fierté un peu honteuse, je l'avoue, d'interpréter des rigodons et des valses en pleine période du «peace and love» et de musique pop des Beatles! Je ne m'en vantais pas... mais je le refaisais volontiers car, quand Joseph commençait à jouer du violon après le souper, il ne demandait rien, mais j'avais l'impression, la certitude même, que ses yeux, eux, me demandaient de prendre la guitare... que je prenais!

Après son infarctus en 2004, Joseph devint incapable de jouer du violon, de jouer de la guitare et même de chanter. On a bien compris qu'un pan complet de sa vie venait de s'écrouler. Ayant peu à peu repris certaines capacités au violon, j'ai été bien content de pouvoir l'accompagner à la guitare; ai-je besoin de vous dire que ma fierté à ces moments-là n'était plus du tout honteuse. Et je voyais les yeux de Joseph qui brillaient à nouveau...

Lettres M - C : Maître de Cérémonie

«M» et« C» pour maître de cérémonie. Pendant près de quinze années, il a animé des soirées et des après-midis dansants et fait valser, cha-cha-ter, béguiner, fox-trotter, triple-swinger, tangoer, charlestonner, danses-de-ligner, les jeunes et les moins jeunes gens des Âges d'or de partout dans la région mais longtemps dans une salle du quartier St-Pierre à Drummondville.

Avec son groupe, les Cravates rouges, dont son frère Gérard faisait aussi partie, il en a vu du pays et il en a eu du plaisir à rencontrer tout «son» monde. Et comme ils les a aimés ses danseurs de lignes et d'autres danses sociales; tellement aimés, qu'il nous en a parlés avec nostalgie depuis sa retraite de la scène et ce, jusqu'à sa mort. Et je ne serais pas du tout surpris qu'il ait commencé à négocier, avec saint Pierre, l'ouverture d'une salle de danse céleste!

Lettre A : Aline

Une fois, j'ai demandé à Joseph comment il avait choisi Aline* comme compagne. Joseph, en homme de son temps, qui trouve difficile de communiquer ses sentiments, Joseph a répondu cette chose extraordinaire : «J'avais remarqué Aline quelque fois dans des soirées et je l'ai choisie parce que je savais qu'elle paraîtrait très bien à l'entrée de la salle de danse». Ouch! C'est long ça pour seulement dire : «*Je la trouvais de mon goût!*»

Aline, la femme qui paraît bien à l'entrée des salles de danse, a été la compagne de papa Joseph pendant plus de 20 ans, partageant pendant longtemps une vie commune des plus passionnante puis acceptant de s'occuper de lui dans ses dernières années plus difficiles, et jusqu'à sa fin, survenue il y a quelques jours à leur domicile.

Oui, pendant ses dernières vingt années, Joseph a été un tournesol qui a toujours eu un soleil vers qui se tourner : Aline !

Merci Aline!
Adieu Joseph!
Salut P'pa!

•_•

*Aline Noël est née le 23 juillet 1927 à Kinsey Falls près de Drummondville. Lorsque Joseph s'est retrouvé seul à la suite du décès de son épouse Lorraine (ma mère), survenu le 6 mars 1988, Aline, que Joseph connaissait parce qu'elle fréquentait sa salle de danse, et à sa demande, est venue l'aider. Leur «relation d'aide» a duré plus de 20 ans!

Ô Mères! (Vers 1991)

J'ai composé ce texte pour une fête des mères. Laquelle? La date n'est pas mentionnée sur le brouillon que j'ai retrouvé... À toutes les mamans, donc!

Voici ce que disait Homère
Pas l'épais Simpson, Omer
Le grand Homère disait : «Ô mères!
Aussitôt qu'elles les nommèrent
Leurs enfants entamèrent
Leur vie sommaire
Tétant à leurs flots mammaires
Et puis, déjà, les voilà outre-mer
Poursuivant là-bas une chimère
Sur les océans, qu'ils essaimèrent
Les bateaux qu'ils armèrent
Menèrent les uns à Sumer
Engloutissant les autres sous la mer

Vous, vous et vous, et là j'énumère
Les mères, les commères et les mémères
Comme ils vous alarmèrent
Vos enfants, bébés éphémères
Quand, tous partis, ils mimèrent
Leurs pères, ces brutes primaires
Ne connaissant ni maths, ni grammaire
Brisant tous vos rêves amers
De les voir édiles ou maires
Mais quelle joie, ô mères!
Lorsque, vers vous, ramèrent
Vos fils qui, très haut et fort, clamèrent
Que partout, ils vous acclamèrent
Ô Mères! Comme ils vous aimèrent!

Discours à l'occasion d'un 10ᵉ anniversaire de mariage
...De l'auteur et de Ginette Poisson (1955-2013)
(Juillet 1990)

Pour vous remercier tous de vos charmantes attentions à l'occasion de la célébration de nos noces de caoutchouc, c'est-à-dire d''un mariage qui ne cesse de s'étirer en longueur, mon épouse Ginette et moi avons préparé ce petit discours qui retrace les points forts de notre vie commune.

Mais, comme il se glisse dans ce texte de ces moments intimes que la pudeur répugne au dévoilement, je vous le lirai sous l'efficace couvert d'un dialecte afro-sénégalais archaïque, dialecte que j'ai appris depuis peu, mais que je maîtrise depuis longtemps.

M'BOULÉ M'NA'NA N'PA'LA
M'BOULÉ N'GA'GA N'BO'BO
M'BOULÉ M'NA'NA N'FA'DO'DO
M'BOULÉ M'NA'NA N'MI'AM N'MI'AM
M'NA'NA N'GA'GA M'N'AN'O'DWA
M'NA'NA N'GA'GA M'WI'WI
M'BOULÉ N'GA'GA M'NO'NO
M'BOULÉ N'NA'NA M'NO'NO O'SI
N'BOULA N'PA'PA N'MA'MA N'FI'YE
N'BOULA N'PA'PA N'MA'MA N'DE FI'YE
N'BOULA N'PA'PA N'MA'MA N'TWA FI'YE
N'BOULA N'PA'PA N'MA'MA M'GA'GA
N'BOULA N'PA'PA N'MA'MA N'FI'NI
M'NONO, A'GA'DOU TA'RA'TSOIN'TSOIN

Tout ça pourrait très bien se traduire
assez fidèlement par un gros... MERCI!

45ᵉ anniversaire de mariage d'Yvonne et d'Ernest
(Été 1995)

Chers parents, chers amis, très chers jubilaires,

Je tiens à dire tout de suite que c'est tout à fait librement et sans aucune honte que je m'adresse à vous ce soir; il me fait extrêmement plaisir de ne pas avoir eu le choix de vous entretenir d'Yvonne et d'Ernest, mes beaux-parents. Et cela, doit paraître dans mon visage!

Le texte qu'on m'a obligé de vous lire a été écrit par Ginet... pardon, par moi. Il reflète ce que je pense qu'on m'a dit de penser de mon beau-père et de démone, pardon, d'Yvonne, ma belle-mère.

Les anecdotes que je vous propose sont vraies : elles ont été choisies avec soin par Ginet... par moi, avec tout le soin et l'exactitude dont on peut s'attendre d'un gendre admiratif, dévoué et filial.

1ʳᵉ anecdote. Mon entrée dans la famille Poisson

Quand un gars prend blonde, il lui faut bien, un jour ou l'autre, faire la connaissance de ses parents. Les siens, bien sûr, pas les miens! Ginette m'avait confié que son père était «bouché». «Jusqu'à quel point est-il «bouché», osais-je lui demander. «Quelqu'un a-t-il appelé un plombier?», continuai-je, me moquant. «Tu ne veux pas comprendre : il est boucher, son métier c'est la boucherie.» Ce que je comprenais tout à coup c'est que je devais rencontrer, tantôt, un homme de six pieds quatre, pesant deux cent livres, vêtu d'un sarrau rouge-sang qui, armé d'un long couteau, serait bien équipé pour protéger l'honneur et la vertu de sa fille. Aie! Je ne ferais pas le poids... Ça me faisait rire quand même un peu : un Poisson boucher...

Je vous avoue aujourd'hui que, quand j'ai eu connu mon beau-père (5 pieds 8 pouces, 170 livres), je n'ai plus jamais eu peur de lui!

C'est vrai, j'ai fait des cauchemars avant de connaître mon beau-père Ernest; mais mon vrai drame, c'est que, depuis ce jour-là, je ne dors plus puisque j'y ai fait la connaissance d'Yvonne!

2ᵉ anecdote. Un voyage d'enfer au chalet d'Yvette

...Ou comment le trajet Cap-de-la-Madeleine jusqu'au chalet d'oncle Émile et de tante Yvette à St-Mathieu-du-Parc est devenu pour Ginette et moi un calvaire, une aventure digne d'un film d'horreur.

Une fois donc, Ginette et moi avons fait ce trajet assis sur le siège arrière de l'automoblie conduite par Ernest; nous nous attendions à un voyage d'agrément, à une partie de plaisir, à une randonnée de détente... Malheureusement, à la droite d'Ernest était assis le diable en personne : l'ignominieuse, la détestable, la dangereuse, la distrayante Yvonne, ma belle-mère!

Yvonne : «As-tu vu Ernest, les Gendron ont repeint leur galerie?» Ernest regarde à droite et woups! Il donne un coup de volant vers la gauche pour sortir notre quasi-tombeau de la garnotte...

«As-tu vu Ernest, madame Dupuis (92 ans, la mère!), s'est encore fait un jardin cette année?» Ernest regarde à gauche. Re-woups! Un coup de volant pour ramener la voiture et éviter la collision frontale...

«As-tu vu Ernest?», cette phrase maudite et détestée, Yvonne l'a prononcée des dizaines de fois tout au long de cet interminable trajet. Il fallait voir Yvonne et Ernest assis à l'avant de l'auto qui regardaient partout sauf en avant et nous, assis à l'arrière, qui regardaient fixement et désespérément la route devant, priant saint Christophe et tous ses amis! Mille mercis à ces derniers qui ont été là, ce jour-là, pour aider Ernest à freiner d'urgence (est-ce ça qu'on appelle des freins assistés?) alors qu'on se dirigeait tout droit et très vite vers une catastrophe, soit vers une panoplie de machineries de construction qui barraient le chemin.

Oui, on s'est bien rendus au chalet, mais non sans avoir fait le double du chemin en zigs-zags, en frôlements de fossés et en sueurs froides. Ginette et moi, nous avions eu chaud au point que l'eau du lac ne nous avait jamais paru meilleure que ce jour-là!

Pour le retour, Ginette et moi étions confiants : comme il ferait noir, Yvonne n'y verrait rien, donc elle ne dirait rien à Ernest qui pourrait le déranger dans sa conduite de l'auto! Comprenez bien : elle a quand même parlé tout le long du chemin!

3e anecdote. Le jour où j'ai aimé ma belle-mère

Un bon matin, le téléphone sonne chez moi. À moitié réveillé, je prends l'appel : c'est Yvonne. Elle est tout excitée au point que je l'imagine en train d'exécuter une danse de St-Guy à l'autre bout du fil!

«J'ai gagné le gros lot de la 6/49», me crie-t-elle dans les oreilles d'une voix stridente et hystérique. Comme elle semble friser la crise de nerfs, peut-être même la crise de cœur, – eh oui, ma belle-mère aurait un cœur, elle aussi... – je reste calme et, innocemment, lui demande d'un ton que je voulais le moins intéressé possible : «Vous avez sans doute prévu donner un petit 100 000$ à chacun de vos enfants?» «Oui, oui, pas de problème», m'assure-t-elle, encore sur son «high».

Dix minutes après avoir raccroché, voilà que le téphone resonne. C'est Yvonne encore mais moins énervée, déçue, désenchantée, je dirais. «Luc je me suis trompée : je n'ai rien gagné! J'ai comparé ce matin le numéro gagnant tiré hier soir à la télé que j'avais écrit sur un bout de papier avec le numéro gagnant mentionné dans le journal de ce matin.» «C'est donc bien plate...», rétorquai-je un peu beaucoup déçu.

Une histoire totalement invraisemblable, si elle avait été contée par n'impote qui d'autre que ma belle-mère. Je ne sais pas pourquoi je n'étais pas si surpris que ça de la méprise d'Yvonne... Quand même, grâce à elle, j'avais rêvé un peu... Adieu donc, veau vache, cochon, couvée et mes 100 000$.

Mais ce jour-là, quand même, je dois l'avouer : j'ai aimé ma belle-mère pendant 10 minutes, soit entre ses deux coups de téléphone!

•_•

Cela dit, chers jubilaires, c'est à mon tour de jubiler car mon martyre s'achève. Il ne me reste plus qu'à vous exprimer toute mon admiration devant une si longue fidélité mutuelle. Quarante-cinq ans de vie commune et de complicité dans le travail au marché public de Trois-Rivières, ce n'est pas commun! On peut vraiment dire que pour vous deux, ça a «marché»!

Applaudissons-les très fort!

Quand on n'a que l'amour (1956 - Extrait)
Jacques Brel (1929-1978)

Quand on n'a que l'amour
À offrir en prière
Pour les maux de la terre
En simple troubadour

Quand on n'a que l'amour
À offrir à ceux là
Dont l'unique combat
Est de chercher le jour

50ᵉ anniversaire de mariage d'Yvonne et d'Ernest (Été 2000)
(Sur l'air de Théo et Antoinette, de J. P. Manseau)

Ernest, le boucher
Travaillait au marché
Il faisait du zèle
Pour sa clientèle
Comme il est beau garçon
Tout partout sa compagne
Même dans ses livraisons
Toujours l'accompagne
Dans l'allée du marché
Une fesse de bœuf sur l'épaule
Gros comme il est, c'est drôle
On ne voyait plus l'épaule ni le boucher
Depuis qu'il est retraité
Ernest aide tout le monde
Ernest, tout le monde t'aime beaucoup

L'autre moitié
Yvonne, ma belle-mère
De son gendre adoré
Des mots doux elle espère
Cette chère Yvonne
Personne ne lui ressemble
Gentille et bonne
Comme peut l'être une démone
Toujours elle fait un flop
De ses patates à l'escalope
Elle parle surtout
Quand elle n'a rien à dire

Mais très chère Yvonne
Tu as su aimer ton monde
Yvonne, ton monde t'aime beaucoup

Cinquante années
Qu'on vous regarde vivre
Êtes-vous tannés?
Ou allez-vous poursuivre?
Cette vie à deux
Commencée il y a un demi-siècle
Le quatre septembre
Mil neuf cent cinquante
Ce soir, on le voit bien
La réponse est dans vos yeux
Yvonne, Ernest
Vous êtes encore amoureux
En ce jour de fête
Chacun a dans la tête
De vous dire... Qu'ils vous aiment et vous admirent
Pour nous remercier
Pour nous dire merci
Yvonne, Ernest
Restez toujours en amour!

On va s'aimer encore (Vincent Vallières) (Extrait)

Quand on verra dans le miroir nos faces ridées pleines d'histoires
Quand on en aura moins devant qu'on en a maintenant
Quand on aura enfin du temps et qu'on vivra tranquillement
Quand la maison sera payée et qui restera plus rien qu'à s'aimer
On va s'aimer encore...

Pour les 80 ans d'Ernest Poisson (Mars 2002)

Cher monsieur Poisson, étendez-vous confortablement sur ce divan et laissez-moi vous psychanalyser. Oui, une petite psychanalyse, après 80 ans de vie, ne peut pas faire de tort. Ça me permettra aussi de démontrer que tout ce que vous avez vécu pendant votre «octade» était inscrit et a influencé votre destinée depuis votre naissance. Moi, je ne me fie pas aux astres, ni aux boules de cristal, ni aux lignes de la main, ni aux feuilles de thé mais, tout simplement, à votre nom.

Par la magie de quelques anagrammes de votre nom, je dévoilerai tout votre passé, et plus extraordinaire encore, tout votre futur. Une anagramme, il y en a peut-être qui ne savent pas ce que c'est, madame Poisson va vous l'expliquer... Non? Moi alors : une anagramme, c'est un mot, une phrase formé avec le mélange des lettres d'un mot ou d'une phrase source.

Je vais donc prendre toutes les lettres de votre nom, monsieur Poisson, les brasser et leur faire dire tout ce que vous avez été, ce que vous êtes et ce que vous serez. Pour les besoins de la thérapie, vous tu me permettras de vous te tutoyer.

Ernest, il va de soi que je commence par ton nom avec les lettres placées dans le bon ordre puisqu'une bonne partie de tes problèmes proviennent justement de ce nom.

ERNEST POISSON : Tout d'abord, le prénom. Ernest, ce n'est pas très joli, mais pas si laid quand même. Pour les intimes, Ernest, ça se transforme en Ness, en Ti-Ness ou pire encore en Né-Ness, ce qui en plus d'être beaucoup moins joli, ne veut pas dire grand-chose sinon qu'on se demande à quoi ça a servi de mettre un

«T» à la fin de ton prénom si personne ne prend la peine de le prononcer! Quant au nom de famille Poisson, toute ta vie démentira ce nom de famille : premièrement, Ernest, tu n'es pas né sous le signe du Poisson, l'anagramme suivante est formelle :

PIS NESS NÉ TORO : deuxièmement, même l'horoscope m'appuie sur ce point, c'est de la viande que tu as vendue au marché public de Trois-Rivières, pas du poisson. Ce nom finalement n'aura servi qu'à t'achaler, surtout le premier avril de chaque année. Permets-moi ici de placer un diagnostic sur ta vie :

ROSES N POINTES : soit des roses et des épines. Ce qui veut dire que dans tes 80 ans de vie, il s'en est passé des choses, des bonnes et des mauvaises; des moments faciles, d'autres moins; du bonheur et du malheur. Mais as-tu su profiter à plein des bonnes choses? Je sais que tu as réussi à surmonter les épreuves, puisque tu es ici devant ton destin. Mais sauras-tu surmonter cette épreuve-ci?

Aujourd'hui, Ernest, tu fêtes tes 80 ans. Et comme c'est difficile pour les plus jeunes de se figurer à quel point tu es vieux, l'anagramme suivante devrait leur faciliter les choses :

NEST RISS POONE : «*J'aime mon public et mon public m'aime!*» Comme la Poune, Ernest était apprécié au marché public pour la qualité de sa viande et pour son service à la clentèle. Voilà, c'est plus clair. Mais n'oublions pas qu'Ernest aussi a déjà été un petit garçon, comme le rappelle la prochaine anagramme :

NESS PETI NOORS : et celle-ci :

PISSE É ROTS NON! Combien de fois ta mère t'a-t-elle répété cela, elle qui désespérait de voir son grand garçon de dix ans devenir enfin une personne propre et bien élevée. Ton enfance, Ernest, tu l'as vécue l'autre bord du fleuve, exactement là où ton nom te prédestinait :

OO NNESS? ST PIER : bien sûr! Et là-bas, à St-Pierre-les-Becquets, on t'a toujours considéré comme un garçon sérieux, comme en fait foi l'anagramme suivante :

ES PITRESS, O NON! On se rappelle aussi qu'à l'époque, la religion, c'était important; hier, comme aujourd'hui, Ernest, tu as toujours été assidu aux offices divins comme le prouve l'anagramme :

PRENS SON OSTIE. Puis, Ernest, tu as grandi, et tu as dû te choisir une carrière. Laquelle? Boucher, bien sûr! Un peu par esprit de contradiction pour ton nom de famille, mais surtout à cause de cette anagramme :

TI NESS PRO EN OS, puis encore celle-ci :

ET PREN SOSISON. Ce métier de boucher t'était prédestiné, pas à peu près! Puis, comme dirait l'autre, le poisson ce n'était vraiment...

POS SON SENTIER! Au marché public de Trois-Rivières, où tu as travaillé toute ta vie, Ernest, tu vendais du bœuf, mais aussi :

SE POR INOSSENT : Ernest, cela c'est peut-être Émilie ou Élyse, tes deux petites-filles végétariennes qui te le diraient aujourd'hui si tu étais encore boucher. Ernest, tu étais un bon boucher; l'anagramme suivante montre à quel point tu traitais tes clients aux petits oignons :

IS SONNE PORTES : Oui, Ernest livrait à domicile. Mais tes clientes n'abusaient-elles pas un peu de ta bonté ? Ton nom encore indique ce qui les intéressait vraiment :

SON TORS É PÉNIS. Voilà qui explique pourquoi Yvonne tenait à t'accompagner dans tes livraisons. Infatiguable Ernest : il se levait tôt pour acheter sa viande, ça on le sait par l'anagramme :

NIET SSON REPOS : Mais dormir peu ne l'empêchait pas d'être toujours à...

SON POSTE SERIN. Ernest, durant les années où tu as été boucher au marché public de Trois-Rivières, on se rappelle que la CÉCO, la fameuse commission chargée d'enquêter sur le crime organisé et la vente de viande avariée, y a identifié quelques mauvaises pratiques. Et, dès que la viande d'un boucher...

SI O NÉ TROP SENS, la Commission sévissait. Toi, tu n'as pas été inquiété. Mais si j'avais été de la commission, j'aurais mieux examiné certaine viande que tu prétendais vendre pour du boeuf. Ne proteste pas, l'anagramme suivante est très claire là-dessus :

SSERS TON PONEI. Oui, honte sur toi qui vendais de la viande de cheval pour du boeuf! La CÉCO, qui ne badinait pas avec les fautifs, ne t'a pas découvert. L'anagramme...

SI ON TE PREN S.O.S. veut seulement souligner qu'il t'aurait fallu, si on t'avait pris sur le fait, un bon avocat pour t'éviter le pire qui aurait pu être, prochaine anagramme :

TOÉ EN PRISONSS. Ce pire-là ne s'est pas produit. Mais du pire, tu en as quand même vécu, puisque tu t'étais, plusieurs années auparavant, marié à Yvonne Gélinas, dont tout le monde dit qu'elle...

ES TRÈS POISONN. De plus, pas facile d'avoir raison avec elle, avec un trait de caractère comme celui-ci :

ÉPOOS S STINNER. Ernest, tu aurais dû te méfier pourtant, car le jour de ton mariage, tu as eu un malaise révélateur :

O NESS PRIT NOSÉ, ce qui expliquerait bien pourquoi tu étais, ce matin-là, au petit-déjeûner...

O NOSS P RÉTISEN. Mais que veux-tu, le cœur a ses raisons que la raison ne connaît pas... Il faut te consoler quand même car Yvonne n'avait pas que des défauts. Non, elle était aussi...

SSI ONÊT PERSON, que tu as eu finalement raison de la marier et de lui confier les finances et le budget de ta maisonnée. La preuve, c'est que grâce aux économies réalisées par ton épouse, tu as pu pendant quelques années, - et elle aussi - réaliser un de tes rêves, comme on voit dans l'anagramme :

Ô NESS É SON TRIP. Soit des voyages en Floride avec tes beau-frère et belle-sœur Émile et Yvette! Puis, vint un jour où Ernest se retira du marché du travail pour se joindre à ses...

POTES SENNIORS, c'est-à-dire ses amis de l'Âge d'or. Dans cette organisation-là, Ernest s'est intéressé à un jeu où...

NESS POINT É SOR, et où il ...

TIRE SSON POENS, soit très clairement la pétanque et, plus récemment, à un autre jeu où il est question de...

PINSS É TROOÉS, c'est-à-dire, bien sûr, aux quilles. Comme on est loin des sports extrêmes! En fait, Ernest, tu as toujours été un sportif de salon, l'anagramme suivante est très claire là-dessus :

O IÉ SPORS EN TSN. Je sais qu'avec toutes les informations que je viens de dire te concernant, j'aurai en héritage ce que je mérite, soit, si je me fie à l'anagramme suivante :

TROIS SENN PESO, soità peu près l'équivalent de dix dollars 75 cents canadiens. J'aimerais cependant faire amende honorable et terminer par des bons mots. Du moins, en voici un :

Ô NESSS TIP EN OR! Un type en or, voilà réellement ce que tu es, Ernest. Vraiment, tu as toujours été et tu es encore un père et un grand-père qui toujours...

ONNOR SES PETIS. Une seule fois, je t'ai vu faire de la peine à un de tes petits-enfants, à Philiipe plus précisément. Je le revois encore sauter dans les bras de ton défunt frère Auguste à une fête chez Denise Marcotte. Comme il a été gêné de sa méprise! Et comme on a rit! On en pleure encore! Mais là, ce n'était la faute de personne : c'était un mauvais coup du destin puisque de ton frère Auguste...

T SOSI EN PERSON! Ernest, tu es un homme et un beau-père aussi excellent que la viande que tu as vendue au marché public et ça, ce n'est pas moi qui le dit, c'est encore une anagramme :

T SI SEN POUR SEN; si bien que nous espérons que tu n'hésiteras pas à faire ce que la prochaine anagramme te conseille :

PRENS SOINS TOÉ. Cela t'évitera d'avoir à...

O TRÊNÉ N OSPISS*, et qui sait, avec la santé, peut-être la prochaine anagramme se réalisera-t-elle :

*Malheureusement, cette prédiction ne s'est pas réalisée puisque M. Ernest Poisson, atteint de la maladie d'Alzheimer, a dû être interné dans un Centre hospitalier de longue durée deux ans avant la parution de ce recueil.

OP SOIS SENTNER! Cela peut fort bien arriver car, en fait, c'est une prédiction facile basée sur l'anagramme :

OP SEN TROIS ENS. Sache Ernest que tu es une personne que tout le monde ici aime beaucoup, et que c'est tous ensemble que nous disons haut et fort, anagramme SVP :

PORNO SÉ TI NESS! Non, ne vous méprenez pas; ce n'est pas une nouvelle carrière d'acteur de films XXX qui se pointe. Non, si ça sonne comme ça, c'est seulement parce que dans ton nom «Ernest Poisson», il n'y a pas de «U». Avec deux «U», j'aurais écrit ce que je voulais vraiment écrire :

«**POUR NOUS, C'EST TI-NESS!**»

Félicitations, Ernest, pour tes 80 ans!

•_•

J'ai oublié... (Mars 2017)

J'ai oublié qui j'ai été
Je ne sais pas qui je suis
J'ai oublié mes hivers, mes étés
Je ne sais pas où je vais, alors je suis
Je ne sais pas quoi faire, alors je ne fais rien
J'ai oublié les mots, alors je me tais
J'ai oublié le mal et le bien
J'ai oublié qui t'étais
J'ai oublié ma vie
J'ai oublié la vie
J'ai oublié...

...

Le marché Verlaine (Été 2000/Mars 2017)

Voici un marché public de Trois-Rivières (1963-1989) totalement réinventé pour les besoins du 50e anniversaire de mariage d'Ernest et Yvonne Poisson. Bouchers, ils avaient pour voisins d'étal et amis, bouchers également, Marcel et Denise Gervais. Tous les autres noms d'étalagistes qui suivent sont fictifs.

Viande au détail

Jean Bonneau   Pat Deveault
Jean É. Haché   Oscar (dit Nonoss) A. Bouillon
Emma C. Leboeuf   Éloi Lecoq – Volaille
Sue A. Cauchon   Yvan Dufoy – Charcuterie
Simon Bacon   Paul Poulin – Viande chevaline

Fruits et légumes

Al Larose-Desjardins – Légumes   Rosaire Mongrain – Semences
J. M. Laverdure – Salades préparées   Pat Atkins – Pommes de terres
Bean Lefebvre – Semence   C. Laframboise -Deschamps – Fraises
O. Poirier-Loranger – Fruits   G. D. Pépin – Pomiculteur

Poissonneries

E. S. Turgeon   Yvon O. Poisson-Deschenaux
Marc Rheault

Pain et produits laitiers

Jos Vachon – Produits laitiers   A. C. Moisy – Pâtisseries fraîches
Mame Hamel – Produits laitiers   Ti-Blanc Lamy-Despins - Boulangerie

Fleurs et artisanat

Marguerite Laviolette – Fleuriste   Rose Latulippe – Fleuriste
Yvan D. Corbeil – Artisanat   Jean Plante – Jardinières

Produits divers

Antonio Legros – Viande en gros   Marjolaine Laurier – Épices
Sylvain Potvin – Vins   A. Boileau-Deschênes – Sirop d'érable
D. Petit-Baril – Bières artisanales   C. Noël – Sapins de Noël
O. Della Fontaine – Eau de source   H. É. Lanoix – Noix en tous genres
Julienne Parmentier – Kiosque à patates frites
Yvon Gagné - Kiosque Loto-Québec
Alpha Lepitre – Clown/garderie   Pierre Desmeules - Aiguiseur

Les retrouvailles des amis de la Côte (Juin 1997)

Josephleurer avec vous, en ce jour **Michaud**, mi-frette, quelques **Rollande**s du passé. Comme il fait encore **Claire**, je n'aurai pas besoin de mouches à feu, de **Lucie**oles pour lire mon texte.

Mais, tout d'abord, je me présente.

Comme je me prétendais **Granger**nie, je me sentais à l'é**Cardin**fois... Je viens de la **Lorraine**, pas celle de **France**, pas la **Francine** (France-in) de **Françoise** Hardy (*Tous les garçons et les filles de mon âge...*) ; non, l'autre, la Lorraine qu'on a tous **Aimé**e.; aujourd'hui, elle **Gisèle** six pieds sous terre. À l'é-**Collard**-tiste du français, poète attit**Raymond**ial; j'ai déjà été **Serge**ant lanceur de **Pierre**s dans les **Luc**arnes (en passant, ça faisait bien **Patrick**, patraque!) Rassurez-vous, j'ai vieilli, je ne suis p**Lucien** (le «chien» des gars chauds). De plus, aujourd'hui, vous l'avez remarqué, je suis d'humeur **Joyale**!

On m'a invité ici, non pas pour fêter la **Noëlla**, ni pour jouer de l'har**Monique**a, ni pour entonner «**Chantal**ouette sans faussses notes», ni pour jouer du Aero**Smith**. Non, on m'a invité pour parler.

J'ai donc lavé mon auto pour qu'à **Louise** le plus possible; côté vestimentaire, je n'ai pas mis ma **Jacques**ette en **Jutras**tatinée; non, je me suis dit : «J'y vais **Antoinette** de soirée» D'ailleurs, si vous voulez un toxedo, **Jean-Louis**-ci.

«Et quant à parler, me dis-je encore, **Maurice**quer quelques jeux de mots.»

Si je suis a**Gilles** avec les mots? Les jeux de mots, j'**Lessard** comme ça! **Jean** ai tant mis, que **Jean-Paul**lue tout mon texte; ça revole comme des balles de **Robert**! » Il y en a autant que

Denis d'oiseaux au printemps! Autant que des grumeaux dans une béc**Hamel**! Autant même que des grains de ris dans **Thérèse** Krispies!

Qu'est-ce qui m'in**Florence** à faire des jeux de mots? Ce n'est ni **Danielle** (ni Dan ni elle); non, c'est ma muse!

«Sa quoi, vous dites-vous? Vient-elle de **Marcelle**-là?» Non, pas du tout! Elle vient de ma tête. Mais ma tête, elle est un peu comme un bain qui **Perreault**; et ma muse, elle **Suzanne**-née après années; elle devient lente comme un l'**Hemming**; en fait, elle ne tiendra bientôt plus sans broches **Nicole**!

Mais il me faut lire mon texte avant que tom**Benoit**rceur...

Avant, cependant, une chose encore : vous êtes des personne t'**André** des **Jean-Paul**is, vous comprendrez que ma muse – qu'est-ce qu'elle en ar**Rachel**le!

Oups! Déjà je crains bien que la bière, **Johnny** trop bu... C'est plate, je vais être obligé d'arrêter ici...

A**Michel**lut!
A**Michelle**u!

«J'chuis-tu chaud, moé là, là?» (En fait, génétiquement parlant, je suis seulement **Michaud**!)

Les amis de la Côte, ce sont ceux et celles qui ont «jeunessé» dans une cour d'une rue transversale au Chemin Hemming à Drummondville, la rue Hamel (maintenant rue de la Tannerie), durant l'enfance et l'adolescence de l'auteur : ils venaient des deux rues voisines : Fleurant et Milton; ils venaient aussi de la ville; ils venaient même de Longueuil, au sud de Montréal. Tous y ont joué ensemble, puis plusieurs se sont fréquentés, et certains se sont mariés. Cette cour, c'était ma cour!

LE FRANÇAIS À LA LIVRE

Lettre d'un séminariste à son père (Novembre 1988)

Séminaire de Montréal   Le 01 novembre 1988

Cher père, comment allez-vous? Vous portez-vous mieux? J'ose le croire et sachez qu'en ce Jour des morts, je prie pour que vous viviez.

Je vous en supplie, père, accrochez-vous et attendez pour mourir que j'aie fini mon cours de prêtrise; je voudrais tant que vous soyiez le premier à profiter de l'enseignement que je reçois grâce à vos sous. Vous qui avez tant juré et sacré votre vie durant, j'aimerais pouvoir vous porter le Christ en hostie pour vos derniers sacrements!

Mais, laissez-moi vous raconter les événements qui se sont produits depuis hier matin lorsque je vous quittai pour pénétrer au séminaire.

Ce jour-là, jour triste il va sans dire, il pleuvait; cela m'eut plu plus qu'il ne plût plus! Cela m'a déplu, sans plus!

Chemin faisant, je rencontrai Paul, le frère de notre petite voisine avec qui, je m'en confesse aujourd'hui, je m'amusais à jouer au docteur? Avec la voisine, pas avec Paul! Nous jouions à nous en rendre malades! Figurez-vous que Paul a bien changé : se peut-il qu'il ait été ce laid mangeant son omelette qu'on a connu? Je me rappelle aussi que Paul me traitait souvent d'imbécile et moi, toujours, je niais...

Cette rencontre éveille un souvenir d'enfance qui m'est pénible : vous me punîtes à l'époque me reprochant d'avoir accepté d'un quidam un bonbon et de l'avoir mangé... le bonbon. Je vous l'ai affirmé alors afin que vous le sussiez : j'étais innocent! N'eût-il pas fallu que je le reçusse ce suçon pour que je le suçasse? À mes yeux d'enfant, c'est une réputation de père injuste que vous acquittes; aujourd'hui, cependant, puisque je vous quitte, je vous acquitte. Soyons quittes, voulez-vous?

Chemin faisant, deux jeunes filles court-vêtues, bien que fort jolies, parurent avec leur parure. Elles me hélèrent; étant peu prévenu au sujet du sexe opposé, fallait-il que j'ouisse ces demoiselles sans que vous le pûtes aussi? Ce que je falusse faire? Je ne savais pas... Puis j'ai pensé : «Ont-elles une maison qu'elles closent»? Finalement, je fuis et l'affaire resta pendante (et elle l'est toujours, rassurez-vous!)

Hier, lundi, premier jour de classe. Rien à voir avec la petite école! Le professeur parla d'abord de poésie : nous rîmes! Ensuite, il fut question d'oiseaux : nous nous plûmes à l'écouter. Le latin? Nous le massacrâmes et le sacrâmes summum de l'âme de l'homme! Non, pas amène, le latin... La leçon de musique fut cacophonique : pour que le maître fût content, il eût fallu que nous partissions en choeur sur l'air de «si la si si ré mi fa la ut*». Constructif, oui, mais totalement hors de notre portée! En math, il fut plus ou moins question de quotient, sans plus; nous ne comprimes rien! Question de quotient sans doute... Du professeur d'histoire naturelle, on dit : «Il est fort, il nous émeut même avec des émeus»; moi, je rétorquai : «Mais peu m'en chaut des manchots!» Puis nous lûmes un texte : «Nous, les cerfs, rayons sous les rayons du soleil qui, mâtin, le matin, point, point!» Voilà ce que nous apprîmes en prime.

La classe terminée, je me ruai aux toilettes : toute la journée, il m'avait fallu lutter pour ne pas que je me lâchasse. Demander de sortir était exclu : le professeur n'eût pas voulu que je l'interrompisse!

Repus de notre cène sans scène, nous allâmes nous coucher non sans une invocation au bon pape saint Pie VII si célèbre pour ses nombreuses érections : ses temples et ses statues, on les contemple toujours à Rome. Ce saint pape, dit-on, était doué d'une telle pénétration que cela tenait du miracle! Il méritât d'emblée d'être l'organe de notre sainte Mère l'Église. Comme j'aurais aimé avoir cette qualité de ce pape, un bout du moins…

Voilà! Je dois terminer ici ma lettre en espérant que le bon père censeur (qui est aussi sans sœur) permettra qu'elle se rende jusqu'à vous sachant quel réconfort elle pourra vous apporter. Faites-la donc lire à mon frère, qui est masseur, pour son édification.

Votre fils bientôt Père qui vous aime en esprit! Amen!

*Si la scie scie, Rémi fait (fa) la hutte

Sexagération en sextine (Mars 2017)

Je suis sexagénaire
Un sex-symbol sexé
Sexuellement actif
Mais pas du tout sexiste
Bravo le sex-ratio
Loin de moi le sexage
Je ne suis pas sexeur

Je joue des sextolets
De jazz dans un sextette
Ou dans un sextuor
La salle sexpartite
Accueille sans sexisme
Jumeaux et sextuplés
Avec, sans sex-appeal

«La sexothérapie
Te rendra très sexy»
Me dit, le sexologue
Consulté à la sexte
«Rends-toi dans un sex-shop
Ta sexualité
Lèvera au sextuple!»

De primo à sexto :
Mes relations sexuelles
Sont sexuellement
Haussées d'un sextillion
L'apogée de mon sexe
Sauf les sexagésimes
Se mesure au sextant!

Gros bouquin, grosse déception (Septembre 1989)

Le journal **La Rochelle** (le journal de St-Louis-de-France, près de Trois-Rivières, Québec, à cette époque) faisant traditionnellement relâche en août, je disposais de plusieurs semaines de vacances; j'ai donc pu enfin me permettre la lecture d'un bouquin à moi maintes fois chaudement recommandé, lecture que je remettais sans cesse faute de moments libres en quantité suffisante. Vous comprendrez mieux si je vous dis que le bouquin dont il est question fait dans les 1700 pages! Une brique? Un bloc de ciment, plutôt!

Aborder un tel monument est, il va de soi, un défi de taille qui ne peut pas être relevé par le lecteur moyen, celui qui, dans un récent sondage, avouait candidement ne lire que les boîtes de céréales. Et encore, avec difficulté! Non, il faut au lecteur d'une œuvre de cette ampleur des qualités exceptionnelles, une aisance à lire grâce à une morphologie particulière de l'appareil oculaire, une pratique de lecture de plusieurs années, une capacité de concentration mentale hors norme et une bonne dose de détermination et de courage. Je n'ai évidemment pas à vous convaincre que, grâce au hasard fortuit des mélanges chromosomiques paternels et maternels, ces prédispositions, et bien d'autres, je le dis modestement, se retrouvent en qualité et en quantité gargantuesques chez l'auteur de cette chronique!

Mais, revenons au bouquin et tâchons d'en faire ressortir les points forts et d'en souligner les points faibles.

Tout d'abord, concédons aux auteurs (*ils sont* **quarante-sept!**) une connaissance et une maîtrise extraordinaire de la langue de Molière (incidemment, un des milliers de héros du livre!) qui brille ici par sa variété, sa richesse et sa précision inégalées dans aucune autre œuvre, je crois bien.

Les personnages, fort nombreux, ne sont que sommairement dépeints, mais ils le sont quand même suffisamment pour qu'on croie à leur matérialité, pour la plupart d'entre eux, en tout cas.

Les lieux et les époques où se déroule le drame sont bien décrits quoiqu'on soit loin de l'unité de lieu et de temps si chère aux tragédiens classiques tels Racine et Corneille.

Et l'histoire, me demandez-vous, y en a-t-il une? Si oui, quelle est-elle? Est-elle intéressante?

Je l'affirme tout de go et péremptoirement : je n'ai rien compris de l'action et de son déroulement! Les auteurs (*ils sont, en chiffres romains,* **XLVII**) ont fait un pari démesuré, qu'ils ont perdu, je pense, et qui relève du suicide littéraire, en rédigeant une œuvre aussi prolixe dans un style abstrait et décousu. Cela déroute et décourage le lecteur dès les premières pages!

Dans ce livre, aucun sujet n'est tabou, c'est-à-dire que tous les sujets sont abordés, franchement, crûment. On passe de l'un à l'autre dans un gigantesque et interminable saute-moutons désordonné, sans lien ni fil conducteur apparent, à la va-comme-je-te-pousse, sans cohérence d'ensemble. Du moins, ce fil, je ne l'ai pas vu...

La division des chapitres est aussi d'un arbitraire invraisemblable : on s'y retrouve aussi facilement que dans un panier à linge dans lequel on a précipitamment amoncelé toute la lessive à sécher d'une famille de 15 enfants en début d'averse!

Pis que cela : je prétends que les auteurs (*en binaire, ils sont* **111101**) ont totalement erré en dissociant leurs personnages du cœur même de l'action. Ils sont comme écartés de l'aventure, perdus...

Et puis, et là je bouille littéralement, j'allais écrire littérairement, les auteurs (*et, je le rappelle, ils sont, en latin,* **quadrāgintā septem**) ont, à mon avis toujours, fait preuve d'une épaisse fatuité condescendante en encombrant l'action, à tout moment, de la définition des mots utilisés!

Et que dire de ces illustrations, cartes et photographies insérées ici et là et dans lesquelles on s'enfarge à tout moment de notre lecture? Prétend-on que le lecteur, même le plus abruti, ne sait pas de quoi a l'air des objets aussi communs qu'une bouteille, une clef, une guitare et un champignon, ou des animaux aussi familiers qu'une mouche, un oiseau, un chien et un chat, qu'ils faille en montrer une image? Voyons, mesdames et messieurs les **47** (*si vous l'aviez oublié, c'est le nombre, en chiffres arabes, des auteurs de ce bouquin*) un peu de décence! Quel mépris de l'intelligence des gens!

Non, non et non! Malgré que cet opus soit un best-seller réédité annuellement, ce que je n'arriverai jamais à comprendre, je ne vous recommande pas, mais pas du tout, la lecture du dictionnaire *Le Petit Larousse illustré*.

Les auteurs ont beau être 47, (*en grec :* **tetracontakaihepta**) les rééditions comportent toujours des correctifs sur la version antérieure. Pas fort!

(Même si l'histoire y est totalement emberlificotée, dans le dictionnaire, on apprend plein de choses, tout comme dans ma chronique!)

Les histoires et historiettes qui suivent sont un clin d'œil à Marc Favreau (9 novembre 1929 - 17 décembre 2005) dont le personnage de Sol, clown et poète, triste et volubile, expert en jeux de mots à la fois drôles et sérieux, a marqué la télévison radio-canadienne française des années 60-70 puis, dans les années 1980, les scènes de spectacle québecoises et internationales.

Une histoire d'A (Décembre 1991)

L'**abbaye abbasside** est à l'abandon. On dirait un **abatis** ou même un **abattoir**, les **abats** et les **abattis** épars sur un ancien **AA**. Les **abat-son** ne renvoient plus le **a** (la note «la» des Anglais) **abasourdisssant** de la cloche comme autrefois. L'**abat-vent abbatial** n'empêche plus de s'**abattre** la pluie d'**abat**. L'**abat-jour**, en tissu d'**abaca**, n'est plus où il devrait être, sur l'**abattant** du bureau. L'**abat-voix** de l'**abbatiale**, près de l'**abaque**, est comme **abattu** : trop d'**abaissement**?

Et pourquoi cet **abandon**?

L'**abbé**, au faciès **abbevillien**, est malade : un **abaisse-langue** ferait voir, derrière les **abajoues**, un **abcès** douloureux qui l'a fait **abdiquer**, s'**abaisser**, s'**abâtardir** même, le laissant **abattu** comme un **abandonnique** frappé d'**abasie** tournoyant tel un navire sur son **abattée**.

L'**abbesse**, convaincue qu'il n'était pas **abattable**, que tant d'**abattement** et d'**abâtardissement** ne manquait pas d'**abasourdir**, ignorante de l'**abc** médical qui le ramènerait capable de l'**abattage** de l'**abatteur** en forêt vierge, préféra elle aussi l'**abdication** et choisit de s'**abandonner** au désespoir!

Voilà amis lecteurs et lectrices, l'histoire triste que m'a sussurrée à l'oreille la page 1 du dictionnaire Le petit Larousse illustré en couleurs 1987 et ce, à mon total **abasourdissement**!

•_•

Et vous, votre dictionnaire, vous en conte-t-il des histoires?

Le mien, mon Larousse, insiste pour m'en raconter une autre, celle de sa page 990 et qui a pour titre : *L'Arche de Zoé*!

L'Arche de Zoé! (Janvier 1992)

Ce **zaïrois**, né d'une mère **zarabe**, **zélateur** du **zen**, vêtu d'une toge de **zénana**, friand de **zakouski** à base férule de **zamia** – pour la **zéine**? – et de **zestes** de citron, amateur de **zapateado**, de **zarzuela** et de **zanzibar** ou **zanzi**, parlant **zend** avec **zéro** faute et grec d'alpha à **zêta**, ce **zaïrois**, dis-je, est un excentrique et un **zélé**!

Élevé dans une **zaouïa**, une sorte de **Z.A.C.** ou de **Z.A.D.**, membre plein de **zèle** d'un **zemstvo** – on le disait un peu **zélote** – il fut victime d'une roche de **zéolite** venue du **zénith**, reçue sur le crâne; voilà pour son comportement de **zani** ou **zanni**!

Imaginez : délaissant sa **zapette**, ce **zazou** a acquit pour quelques **zaïres** – obtenus d'un **zaibatsu**? – un **zeppelin** noir **zébré** de **Z** jaunes (la nacelle est en **Zamak;** le plancher en **zellige**). Il y a entassé des **zabres**, des **zancles**, un couple de **zèbres zambiens zains**, rares car sans **zébrures**, des **zébrules** ou **zorses**, quelques **zées** et deux **zébus**.

Ayant calculé sa distance **zénithale**, il flotte, permettez-moi ce **zeugma**, bercé par le **zef**, le **zéphyr**, et par une douce folie...

Petite leçon de français no 1 : le péché (June 1991)

J'écris cette chronique, bientôt **best-seller**?, à l'intention de nos amis anglais, désireux d'apprendre les rudiments de notre si belle langue française. Sachez cependant que cette langue si belle comporte quelques difficultés. Lisez le **sketch** qui suit et, assurément, vous deviendrez bien vite des **cracks**. Donnez-m'en du **feed-back** un de ces jours.

Ce matin-là, dans le **cockpit** de son **yacht**, un **sharpie**, on vit le **shiplander** de Liverpool, fils d'un ancien **tommy**, **self-made man** et **gentleman** de grand **standing**, **tory** anti-**whig** – ce parti qui fait les **bills** à la chambre des **Lords**, **boss** et **leader** d'un **trust**, membre d'un **think-tank** de la **gentry** londonienne, amateur de **bowling**, de **baby-foot**, de **surf**, de **snowboard**, de **kite**, de **trecking**, de **skating**, de **roller-ball**, de **karting**, de **hockey**, de **football**, de **baseball yankee**, de **softball**, de **handball**, de **jumping**, de **sky-surfing**, de **trail**, de **jogging**, de **step**, de **tubing**, de **tumbling**, de **camping**, de **caravaning**, de **snooker**, de **quad**, de **kicker**, de **water-polo**, de **close-combat**, de **full-contact**, de **fitness**, de **black jack**, de **whist**, de **bridge**, de **strip-poker**, de **scrabble** et de **scrapbooking**, – tout un **patchwork**! – on le vit, disais-je, accoster habilement aux **docks** de Brest, près d'un **shed** abritant un amas de **lambwool**. Je dis habilement car des **motor-sailers**, des **sister-ships**, des **house-boats**, des **skiffs**, des **bricks**, des **yawls**, des **steamers**, des **tankers** aux **ballasts** pleins de **coke**, et maints **shooners** libérant des **boat-people**, encombraient l'accès au **wharf**. De plus, un **smog** épais et tenace sévissait. Vêtu d'un **pull** de **shetland** et d'un **sweater** en **tweed** avec **smocks** formant **twin-set**, portant un léger **short** de **tennisman** et chaussé de **boots** de **cowboy**, il n'avait pas l'élégance du **dandy** dançant le **twist** ou le **be-bop** dans un **dancing** mais, disons qu'il était **sexy**, qu'il avait l'air **smart** et **cool** du **rocker swinguant** devant un **juke-box** jouant un **rock and roll**.

Ce **week-end**, son **shift** terminé, notre **globe-trotteur** quittait son **job** et, le temps d'un **audit** de son **show-room** et histoire de chasser le **stress** de ses nombreux **speeches** dans les **briefings** avec son **brain-trust** de **businessmen** de son **happy-few**, il se rendait faire un **shopping** en sol français, muni de ses **shillings**, **pennies**, obtenus de ses **royalties** et, aussi, muni de **traveller's checks**.

Louer un **scooter** au **tuning** unique, avec **top-case**, aux pneus **tubeless**, alliant le confort d'un **side-car** et la rapidité d'un **mustang**, filer un long **sprint** endiablé comme dans un **motocross**, un **derby** ou un **open** de **stock-cars**, traverser les **creeks** et dépasser les **cabs vintage**, les **vans**, les **loaders**, les **scrapers**, les **corn-pickers** et les **trucks** remplis de **coaltar**, furent choses faciles. L'engin, muni d'un **starter**, décolla tel un courseur de ses **starting-blocks** au son du **revolver**.

Malgré un léger **shimmy** continuel mais forte de ses **horse-power**, malgré un léger **blizzard**, la machine franchit, tel un **blitz**, les **yards** qui la séparaientde son but. Cet engin était un véritable **dragster** qui pétaradait des **big-bangs** et seul un manque de **fuel-oil** dans le **tank** aurait pu le **stopper**. Cela n'arriva pas! Une **photo-finish** eût pu difficilement capter ce **finish** et il eût, dans une vraie course, gagné par **walk-over**.

Laissant son bolide au **parking** du **drive-in**, il alla tout d'abord au **drugstore**, voisin d'un **sex-shop**, dans lequel un **snack-bar** était aménagé, pour y consommer un **softdrink** et un **breakfast** : **corn flakes**, **toast** et **bacon**. C'eût été le **brunch** du midi, qu'il eût commandé un **scotch whisky**, un sherry, un gin, une pale-ale ou un gin-fizz, un smoked-meat ou un club-sandwich, des nuggets, un bifsteck ou un hamburger ketchup-relish et un milk-shake sorti du freezer qui auraient tôt fait de le repaître. Ingurgitant son lunch plus un cookie, un cake et un pop-corn, son regard se porta vers le mass media que constitue la télé : le sitcom terminé, un speaker, à l'air snob, commmentait un match de foot Liverpool-Paris joué la veille. Ayant bénéficié de corners et de quelques shoots de penalty, certains desquels déjouèrent le goal parisien, la victoire du Liverpool club fut acquise par un break important malgré un forcing adverse; le score : 6 à 2! Un happening! Et le standing ovation des hooligans, quel buzz! Cela fut montré avec force travellings et zooms par un reporter-cameraman free-lance délégué sur les lieux. Très sport, très fair-play, le coach français alla féliciter les gagnants. Puis, à la boxe, sur le ring, le challenger, un outsider, a mis knock-out le tenant du titre welter par quelques swings suivis d'un uppercut et ce, au premier round! Sur le turf, on vit un jockey sur un «poney» mustang gagner un steeple-chase... Il vint de nulle part, comme un pop-up ou un joker! Puis on nomma les gagnants fifty-fifty d'un jackpot d'un million de dollars.

Suivit, éclairé par des sunlights, un clip de hip-hop dans lequel riffs de rap et de breakdance d'un Black has-been un peu jazz, soul, funk et grunge se surimposaient à des tags undergrounds très pop-art, puis un spot annonçant, – quel casting!, il connait la gimmick! – par les bons soins d'une pin-up sexy – une call-girl?, un important meeting, l'open annuel de squash, dont le sponsor principal commercialise à l'aide de clips, des sticks, des cold-cream et des shampoings des **musts** pour les **teen-agers**. Cela fit songer à notre **boy-scout** que son **look** **western** avait souffert du voyage; il prit son **vanity-case** et se dirigea vers les **water-closets** pour se **relooker**. Asperger d'un **spray** sa chevelure (son **scalp**) la gratifier d'un vigoureux **brushing**, s'appliquer de l'**after-shave**, puis, petit **strip-tease**, se dévêtir et vêtir un **blue-jean stretch** très **in** et un **blazer** à poches **revolver** et à **zip** propres, chausser des **baskets**, lui redonnèrent son **sex-appeal**, pas à la **hype**, plutôt genre **sex-symbol** à la **Dean**.

Notre **dandy** sortit et marcha jusqu'à un **free-shop cash and carry low-cost self-service** pratiquant le **tétémarketing** situé près d'un **dancing** et faisant face au **square** principal, **squatté** par des **hippies** et des **junkies** en état de **trip** ayant **sniffé** et s'étant **shooté** de la **dope**, – «**Shocking!**» – et dont le **bow-window** lui était familier. Il savait y trouver, sur les **racks**, ce qu'il cherchait : **walkmans, talkie-walkies, ampli-tuners, hi-fi made in USA**, dotés de **tweeters**, **woofers** et **boomers** performants, ces derniers vendus en **kits** et, pour améliorer son **handicap** au **golf**, des **clubs** qui enverraient sa balle sur le **green** et non dans les **bunkers** ou le **rough**. De quoi mettre **tilt** de jalousie son **staff** lors de la prochaine **garden-party**. «Quel **break-down** ils vont faire!», se dit-il en **slang** des **bad-lands**. Il en perdit presque son **bridge** et son **self-control** et faillit faire le **clown** comme dans une **rave**...

Vérifiant sa **check-list** et après un bref **brain-storming** avec lui-même, il acheta tout à prix de **dumping** et ce, sans **check-up** aucun. Il paya **cash** en livres **sterling** et profita d'un substantiel **discount**. En prime, il reçut des **posters** et des **pin's** des **stars** et des **stand-ups** les plus **in** du **hit-parade**, de la **pop music**, du **showbusiness**, du **star system** et du **box-office** français – il était un **fan** fini de leurs

blogs : Johnny Halliday, Eddie Mitchell, Dick Rivers, Darry Cowl et Eddie Constantine, tous en **smoking**, **V.I.P.** obligeant, quelques-uns ayant fait un **coming-out** ou un **come-back** sur **compact disc**. Son **shopping** terminé, il mit son **stock FOB** sur un **lorry**, loua un **mail-coach** en **gentleman's agreement** et un **stand** dans un **tramp** en route vers l'Angleterre.

Un **check-up** de son **yacht** montrant une avarie du **shunt**, il le laissa au quai et se mis en **stand-by** pour le **ferry**. Il avala au **grill** quelques **hot-dogs**, du **corned-beef**, un **coke** et un **ice-cream**, puis, las, décida de s'en retourner à son **home** natal, pas un **loft** mais un coquet et **cosy cottage high-tech**, idéal pour le **cocooning**, sis dans un **no man's land**, doté d'un vaste **hall**, d'un confortable **living-room** et d'une pratique **kitchenette** avec **freezer**, le tout meublé très **design** y compris un **rocking-chair**. Il **tweeta** son **flirt**, sa **lady**, une **miss** avec qui il avait vécu une rupture, un **clash hard**, mais avec qui, après un court **suspense**, il renoua ; il lut son **email** ou son **tweet** qu'il vit parmi quelques **spams**.

Il prit alors le chemin du retour. À la pensée de retrouver ses **cooleys**, **boxers**, **setters**, **bull-dogs** et **beagles** au **linkage** impressionnant dont il faisait l'élevage – un **hobby** de **gentleman-farmer** – qu'il avait confiés à une **baby-sitter** spécialisée, le **spleen** qui l'envahissait disparut. Il devint plus **cool**, mâcha son **chewing-gum** avec moins d'impatience. Il n'y avait plus de **rush**!

C'est sur ce **happy end** que finit mon «**road-movie**», **remake** de **script reality-show**, un **rewriting** d'une chronique **nonsense** de 1991 dont j'ai le **copyright**. N'est-ce pas que ce **best-of** de mots franglais, va vous permettre, amis lecteurs anglais, de ne pas vous sentir **out** en sol français?

Note : tous les mots anglais que vous venez de lire dans ce texte sont tirés des best-sellers que sont les Petits Larousse en couleurs 1987 et 2013.

Petite leçon de français no 2 : la sentence!
(XIV Augustus MCMXCI)

Des **aléas** au métier de chroniqueur existent : censure, polémique, libelle diffammatoire, entre autres. Je savais tout ça... Il y a peu, j'ai reçu un mauvais pli qui m'a littéralement coupé les **tibias**!

En bref, on m'a porté une accusation se rapportant à mon texte en franglais, «*Petite leçon de français no 1*». Mes accusateurs étaient de soi-disant éminents puristes de la langue française. **Post-partum**, je fus jugé, trouvé coupable et sentencié. J'avoue en avoir un peu perdu mon **latin**...

Permettez que je vous raconte tout ça, c'est **gratis**!

Les cloches sonnaient l'**angélus**, au loin. Après mes **laudes** et un **bénédicité**, je recherchai dans un café **lactosérum** un **stimulus** qui m'eût ramené mon **tonus optimum**. De **facto**, ce **nectar** fit **illico** son œuvre : je lançai un **vivat** sonore qui ébranla ma **villa**. Mais, comme ce faisant je me cognai l'**humérus** sur le **vidéo**, je dus calmer mon **égo**.

Lové en **fœtus**, sur le divan de mon **insula**, je regardais un **omnium** cycliste, lorsqu'on frappa à la porte de mon **solarium**; c'était le **factotum** de la Poste. Il me remit un pli certifié et un **folio** que je dus signer et dont il garda le **triplicata**. Il s'éloigna et se mêla aux **quidams**. Je défis **hic et nunc** le pli : c'était un **ultimatum**!

«Votre **factum** en franglais», y était-il écrit au **recto**, «publié **in extenso** constitue un **quasi casus belli** faisant de vous une **persona non grata**. Vous n'avez pas eu le **nihil obstat** donc l'**imprimatur** lui eût dû être refusé. Notre **desirata** est que vous vous soumettiez à un comité **ad hoc** qui fixera le **quantum** approprié à votre faute.»

Nota bene : «Ne pas optempérer à ce **sub poena** pourrait signifier **ipso facto** votre mise à l'**index**, voire votre **exeat** de la profession. **Item**, nous pourrions vous contraindre **manu militari**, c'est-à-dire à la pointe du **pilum** sur le **sternum**!»Au **verso**, un **post-scriptum** indiquait des **ubi** et **quanda** de la réunion.

A priori, mon **tonus** m'amena près de l'**ictus** ou de l'**infarctus** : j'eus envie de jeter ce **rébus** aux **détritus** et d'exiger un **habeas corpus** mais ma curiosité portée au **maximum** et mon **agenda** me le permettant, je voulus rencontrer **de visu** et **in situ** ces **missi dominici** afin d'opposer mon **veto** et d'obtenir **quitus**, un **fiat lux** à la clé, peut-être. Je m'habillai **subito**, empruntai l'**exit**, me retrouvai **extra-muros** et pus prendre **in extremis** l'**omnibus**. **Via** quelques détours, je fus rendu. De lourds et sombres **cumulus** plus d'inquiétants **nimbo-stratus** volaient bas, à en frôler les **sinciputs**, aurait-on cru. Présage? Quoi qui en soit, j'entrai. «**Alea jacta est!**», me dis-je, **in petto**.

«**Ecce homo!**», clama un **magister**, espèce de **dom** portant **pallium** sentant l'**arum** ou l'**aster**. J'observai l'**homo sapiens** qui eût pu être une **virago** : son visage était couvert de **nævus**, de **lupus** et de **prurit**, l'**impétigo**? Il souffrait de pieds **valgus** (ou **vice-versa**, de pieds **varus**, le **distinguo** ne m'étant pas aisé); non parfumé d'**arum** ou d'**aster**, il dégageait une forte odeur **sui generis**, l'**asa fœtida** presque. Sa main se crispait sur un **in-quarto**, sorte de **memento** ou **vade mecum** qui ne le devait jamais quitter.

«**Bravo**! Vous êtes **recta**, continua-t-il, assoyez-vous, montrant une chaise près de l'**ex-voto, ad libidum**. Mon **triumvirat**, sorte de **præsidium** que j'excerce par **intérim**, formant **quorum** selon un **numerus clausus** fixe; commençons! Mais avant tout entonnons, comme l'exige l'**ordo** en ce jour, **a capella**, un **Ave**, un **Pater**, un **Te Deum** et un **Magnificat**.»

Subito, pointant **ex-abrupto** son **index** vers moi et exhibant le **corpus delicti**, d'un ton **ex-cathedra**, il annonça : «Langue française contre Luc Granger, **alias** auteur et **minus**.» Un **rictus** méchant déforma son **faciès**. Je me serais cru dans un **péplum**! **Infra**, en **extra**, les **items** de leur «**post-mortem**».

Primo : des **errata** se retrouvant **passim** y compris dans l'**incipit**;

Secundo : **ibidem**, un fort **ratio** d'**alinéas** y étant fautif;

Tercio : le raisonnement global y étant **a contrario**;

Quater : ce texte étant parsemé, **exempli gratia**, de **hiatus**;

Quinto : **o tempora**! **o mores**! Le **quota** permis de **virus**, **id est** d'anglicismes, étant de loin dépassé;

Sexto : ce texte étant issu d'un auteur à l'**imago**, **idem**, à la **libido** toxiques et, en **sus**, au grave **déficit** intellectuel;

Septo et **ultimo** : l'article, loin d'être un **ana**, étant susceptible de mettre en péril le **mens sano in corpore sano** du **vulgum pecus**;

Notre **trio** a décidé, **ad nutum** et sans plaidoyer **pro domo** de l'accusé, que ce dernier a créé une **intox**; ildevra donc, l'**in-pace** envoyant **in-patres** n'existant plus, faire un **mea culpa orbi et urbi**, condition **sine qua non**, à défaut de quoi l'**usus**, l'**abusus** et le **fructus** du crayon lui sera retiré **in sæcula sæculorum**, **ad vitam aeternam**. Puisque nous rejetons tout «**errare humanum est**», nous statuons que le **statu quo** et tout **modus**

vivendi sont inapplicables en cette affaire. N'espérez aucun **indult**! **Dura lex, sed lex**! L'ajournement est prononcé **sine die**. **Magister dixit**!» «**Vade in pace**!» C'était l'heure de l'**Angelus**, à la **radio**, un **quatuor**, les Beatles, chantait.

Cela me fit l'effet d'un quadruple coup au **tibia**, au **sacrum**, au **plexus** et au **cortex**. Un **sébum** abondant coula sur ma peau. Je sentis un fort picotement au **jujénum** et au **duodénum**. Mes **sinus** voulaient éclater. Le **mucus** à la bouche, je me levai et, me rappelant que «**audaces fortuna juvat**, je m'écriai **moto proprio** : «**Quid**? Je ne mérite pas d'**accessit**, soit! Mais je vais faire appel à la **vox populi** par **référendum** qui, **mutatis mutandis**, et **a fortiori**, saura reconnaître en vous, **a postiori**, des **ultras** imbus de leurs diplômes **honoris causa**, le **nec plus ultra** des «**beati pauperes spiritu**», des as de la «**vis comica**», le **summum** de l'imbécillité. Non! Pas de **motus**! Vous pensiez m'avoir réduit à **quia**... Laissez-moi finir! **Grosso modo**, vous perdrez votre **aura**, vous tomberez de votre **nova**, vous vous cognerez l'**occiput** et, quand le peuple clamera : «**Vade retro satanas**!» que vous crierez «**Miserere**!», nous serons alors **ex-aequo**! Faites un **de profundis** de vos **a priori** et de votre **credo** car sachez que je me les mets dans le **rect**....*», terminai-je, en levant sans équivoque possible le **radius** droit à l'aide du **biceps**. Je quittai les lieux, **ab irato**! **Deo gratias**, c'était fini! **Veni, vidi, vici**!

* **Addenda** : le mot donnant un sens à ma réplique est incomplet..., celui-ci étant incorrect et déplacé autant en latin qu'en français. Je prie mes lecteurs de bien vouloir pardonner à l'auteur ces dures paroles, dites sous l'effet combiné de la colère et de l'indignation.

Voilà, c'est tout! **Amen**! **Ite missa est**.

La volière en folie (Décembre 1990)

Chouette, les arbres sont en **corbeaux**! C'est **cygne** que le printemps est proche, non? Je le «**croa**»et cela m'**émeu**...

Ce **faisan**, est-ce que je m'a-**buse**? Ces **volatiles** ne sont-ils pas plus **bruants** d'habitude? Pourquoi leurs **gros-becs** sont-ils silencieux? Pourquoi ont-ils l'**alouette mouette**? Je suis inquiet **pie** moins **serin**, tout à coup...

Pinson-nous, ce n'est peut-être qu'un **canard**, après tout; **mésanges** gardiens me donneraient-ils de **faucons**-seils? Non! **Toucan**-can que cela paraisse, je pense pourtant faire, avec ces **oiseaux-mouches**!

En ce jour **pluvier**, accostons notre **frégate** et observons-les de la **grive**, là où la **bécasse** abruptement. Certains, altiers comme **grands-ducs** de **Cormoran**, ou qu'on dirait coiffés d'une **oriole** tels des **roitelets**, s'élèvent **étourneau** dans le ciel; maintenant leur vol est horizontal **héron**. Un de ceux-là, un peu tête de **linotte**, qui semblait dire : «**Vautours** m'ennuient!», tombe pa-**tétras** à **pic-bois** de l'eau et, avant que son **corneille** froid, d'un **goéland**, remonte à la **fauvette** et **harfand** l'air à nouveau, avant de se **perdrix**-ci et là. Vraiment, il n'est pas **manchot** celui-là!

D'autres, perchés sur les **colombe**-ages, fatigués comme arrivés **dinde**, qui font le pied de **grue**, qui bayent aux **corneilles outardes** à s'envoler, se font surprendre par les **coucous moqueurs** des autres qui les **sarcelle**-nt et l'**échasse**-nt. À voir leur air **marabout**, ils souffrent d'être les

dindons de la farce : «Ils **lori**-ent de nous! Cessez donc de faire les **fous** pendant **condor**», protestent-ils!

Depuis **milan**, – j'exagère bien sûr!, – je fais le pied de **grue** à cet endroit et **geai**, **moineau**-té tout cela, par pet-**hiboux**, dans mon **caille**-ier **flamant** neuf.

Mais ce n'est pas tout. **Pigeons** au hasard... Et les **coq**-uelicots qui éclosent? Et le gazon long **pivert** qui **poussin**? Et les **poule**-over **griffés** que chacun enlève? Et les pelles qu'on **serre**? Et les instruments **ara**-toires qu'on sort et **quiscale**-nt dans la boue? Et les abeilles qui vont et viennent de l'une et l'**autruche**? Et qui voit-on sortir sa plume et sa **spatule** et qui **pinGouin**, le peintre, qui **pinson** tableau! Et Martin-pêcheur amateur qu'on aperçoit avec sa **cane duck**-casion? Que voilà un bon nombre **cardinal** de **faisan**! Est-**sterne** comme l'hiver cela? Est-ce l'hiver s'é-**tyran**? **Paon** toute!

Non! Tel un **butor** ou un **perroquet**, je le réaffirme : «Pour annoncer le printemps, l'**oiseau** fait l'**oie**!

•_•

L'aquarium en folie (Juillet 1991)

Est-il vrai que le **tortue**? C'est ce que nous **vairons** dans cette histoire tout-à fait sau-**grenouille**!

Il é-**têtard** ce jour-là; Anna, une petite **roussette**, **palourde**, venait de «**chlore**» son année **scalaire** avec la plus haute distinction de l'école : l'**étoile de mer** Supérieure, **merLan**-gelier. Cela, malgré tous les **barbeaux** et les **raies** qui maculaient sa dictée, un texte de **Narval**. C'est hil-**hareng**, elle qu'on disait si ins-**truite**!

Elle se rendait chez Bernard **esTurgeon**, dit **Bernard l'hermite**, ancien **plancton** de l'armée, né sous le signe du **poisson**, avec qui elle «**frayait**» depuis peu; il l'appelait sa **reinette**. Ce **barbue**, ex-**maquereau**, faisait aussi le commerce illicite de tableaux : «J'aime **lézard**. J'aime aller là ou **couleuvre** et le chef-d'œuvre. Les musées sont si riches **anchois**!». Il fut jadis **arête**-é et jugé. On passa son alibi au **peigne** fin; faute de **pieuvres**, on ne put le mettre à l'**ombre** et on dut passer l'**éponge**. Libéré, ayant vendu sa Chevrolet **Crevette turbot** devenue **tacaud**, il embarqua sur un **escargot** et s'enfuit dare-dare. Penché sur la **coque** du bateau, il eut un malaise dû au tanguage : «**Mammifère marin**», dit-il au capitaine.

Depuis, il vit retiré dans une cabane de **perches** en dé-**labre** qui **plie** dangeureusement et dont seuls quelque **goujons** tiennent encore. Rien de **beaudroie** et solide, n'**espadon**? Ah! S'il eût eu un **poisson-scie** et un **poisson-marteau** sous la main!

«Ce que j'ai fait est exé-**crabe**», se **rémora**-t-il tout-à-coup; pour se châtier, il se planta des **anguilles** dans la peau. Il prit ensuite une **branchie** sur le **sole** et s'en frappa les **épaulards** de **huître** coups qu'il compta rageusement : «Quin! Quin! Et **requin**!» Il se flagella ainsi jusqu'à ce qu'il **écrevisse** que, sur son **dauphin**, le **sangsue**-ait, **rouget**.

PirAnha survint à ce moment-là! «Quelle bizarre **gymnote**; pourquoi il se **baleine**?» s'ex-**clam**-a-t-elle **lamproie** à une vive inquiétude. Oui, que voilà une question re-**flétan** sa surprise! Lui, n'était plus qu'une **loche** humaine; **épuisette**, il s'écroula. Comme il avait sorti son **couteau**, un peu plus il s'em-**brochet**! Anna courait de toutes ses forces; dans sa hâte, elle se mordit la **langouste** Anna! Vite! Ses pensées se **torpille**-aient. Le **thon** de son cri fut a-**mer** : «Trouverais-je un **homard**?» Elle parvint jusqu'à lui : ce qu'il était **brême**! Elle lui prit les méta-**carpes**, lui vérifia le **poulpe**. Il rua. Est-ce qu'un **morue**?

Bernard la **grondin** et la **saumon**-na : «**Hippocampe** d'ici! **Phoque**! Dois-je te le dire en **morse**? Anna se changea en statue de **sel**, comme la femme de **Lotte**, dans la Bible. «Je suis né dans ce **moule**, ma **mye**! Je ne mérite pas tes **marsouins**», lui cria-t-il en se **lamantin**. «Le son **dugong** a sonné pour moi. J'entends les **buccins** célestes! J'**hareng** l'âme, **saint-pierre**, me voici!»

Et il rendit l'**hameçon** Dieu!

Je crois bien que **cétacé**...

•_•

Le jardin botanique en folie (Décembre 1991)

Gui Jasmin a peur; il **tremble** comme une **feuille**; il se fait du **mouron**; il a la **citrouille** car ses **chiensdents** claquent. Quelle **bette** il fait! Son **thym** est blanc! On au-**radis**, à voir l'**iris bleuet** de ses **grosseilles** : «Il a un **pépin**, c'est certain!»

Séquoia? C'est qu'il se marie aujourd'hui avec **Marguerite Cormier** en la **basilic** de **Céleri** (près de Québec).

Il connaît pourtant le **tabac**! Amateur de **spores** extrêmes, il a jadis **pêcher** l'**estragon** dans une **rizière** d'un pays **érable** du golfe **Persil**-que; il était alors **pamplemousse**, ou **romarin**, je ne sais plus trop. Et il se serait **noyer** dans la **roseau** s'il n'avait trouvé un **abricotier**! Une autre fois, il s'est tiré sans **amande**, et ce ne fut pas **coton**, d'une histoire d'empreintes **digitales** contre un **avocat marron**! Il a aussi affronté la pulpeuse **mandarine Lichen-Chou**-l'**Ail** de **chiCorée**, la grosse **légume** du **pavot**. Une vie pleine **dahlias**, quoi!

Tout cela a laissé des **stigmates** et, de plus, **sapin** bien sa forte **pensée** qui perd rarement les **pétales**. Mais tantôt, la **chêne** au cou... Jamais il **navet cru** qu'un jour il serait **cuit**! Une telle décision, il faut que vous la **mûrier**, et un tel jour, que vous le **dattier**!

Tout à coup, relevant le **tronc**, il se dit : «OK, je me **branche** et je me jette dans la **gueule-de-loup** car j'aime trop cette **figue**!»

Alors sa **radicule** peur tomba... Il **riz**! Il se fit la **rhubarbe**, s'**asperge**-a le visage d'une lotion, attacha les **boutons d'or** de sa **vesse-de loup**, l'orna d'un **œillet**, frotta les **senelles** de ses souliers, se mit un **melon** sur la tête aux cheveux **lys** et sortit.

Il prit la **Lotus**, ce **chardon** il disait : «C'est un **citron**, c'est **sûr**! Mais je veux **lavande**.» Pressé, il pesa sur le **champignon**; puis rendu, il fallut qu'il **frêne**. Il était **gland** temps car, déjà, l'église était en-**concombre**-é! Il y avait là, arrivé le **pommier**, son **tilleuil Serge**, sa sœur, Soeur **Clémentine** entrée chez les **Capucines**, é**Pinard** le **grenadier**, assis **saule** sans son **coing**.

Sésame-is **Olivier Poirier** et **Rose L'épine**, avec qui il avait **renouée**, y étaient aussi. Même son **glaïeul** des vieux pays, son **papyrus** était présent!

On entendit le **son** de l'**orge** : les gens **sagittaire**-nt sur leur **bambou**. Le prêtre leva l'**ortie**, puis le **calice**; les fidèles firent de pieuses **courgettes**. Tout ce **peuplier étêté**-mouvant!

Le **petit-prêcheur** fit un sermon qui eut le **Chrysanthème**. Ensuite le célébrant demanda à **Gui**, étranglé par son **colchique** : «De **Marguerite**, le mari, veux-tu **hêtre**? Décidé, **laitue**?» Ex-**cyprès**, il hésita... «Fallait-il que je **menthe** ou que je d'**ivraie**?», songeait le fiancé.

«**Ail**!, pensa **Marguerite**, impatiente, ce **moutarde** à répondre; serait-ce qu'il **maïs**?» Les **pommettes** rouges, elle avait chaud, **artichaut**, même! Elle était au bord de la **cerise** d'hépatite. Son état était quasi-**tomate**-eux! On sentit un grand **mélèze** dans l'assem-**blé**-e...

«**Houx**-i!», dit-il enfin! À la même question, la **belladone**-a la même réponse. Le célébrant continua : «De ce que Dieu **orange**, **forêt** pas que l'**orme cerise**!» Ces **sarments** les **lierres** en un **aloès** jacta est **immortelle**.

Près de là, dans une **salsifis** la noce. Le marié s'écria : «Allez, on **bois** et on **mangue**! On leva les **coudres** et chacun mangea son **pin**, sa soupe aux **quenouilles** et ses **ciboulettes** de viande servis dans des **platanes**. Puis des **têtes-de-violon** firent de joyeuses **trilles**. On s'a-**mimosa** beaucoup!

Tout à l'heure, à l'**aubergine** qu'un **fougère**, le mariage sera consommé sur les **lilas**; **Marguerite** un peu **genêt** de s'**effeuiller** devant **Gui** et ce dernier, un peu craint-**if** de faire **patate** avec sa **verge d'or**!

Historia ex-tréma (Février 2017)

Voici l'histoire **inouïe** d'une star **héroï-comique** : **Loïc** est un **caïd zaïrois** de la **cocaïne** et de l'**héroïne** et un être **égoïste**, **prosaïque**, **schizoïde** et **kafkaïen** comme son **aïeul**, son **bisaïeul** et son **trisaïeul**. Bref, comme tous ses **aïeux**, il est porteur des **spermatozoïdes** de **Caïn**. Dans mon **laïus** sans **ïambes**, c'est sans **ambiguïté** que j'**argüe** qu'il est le vilain !

Dans son métier, il rencontre sans **coïncidence**, une **mosaïque bizarroïde** de **cocaïnomanes, héroïnomanes**, et autres **aïs** à peine **humanoïdes**. Il y a un **hautboïste dadaïste** jouant du **Saint-Saëns**; un joueur de **balalaïka maoïste groënlandais** contemporain de la **perestroïka**; un **stoïcien thaï** de type **mongoloïde** adepte du **dalaï-lama**; un **kafkaïen** de la **taïga** artisan en **faïence discoïde**; un **Caraïbéen quasi-androïde** bourré de **stéroïdes** qui fait pousser des **bonsaïs**; un **goï judaïque** d'**Israël** fabricant de **moïses** sur le **Sinaï**, un **laïc païen haïssant Noël**, deux **länder** disciples d'**Emmaüs** et fans de **Möbius**, un **taïkonaute taoïste** de **Shangaï** buvant des **daïquiris**, un **samouraï** de **Hanoï** s'autoflagellant au **nagaïka**, un **Hawaïen** peignant des **camaïeus** et friand d'**anchoïade** et d'**aïoli**; et, enfin, un **Haïtien naïf** parlant la langue d'**oïl**, lecteur de **De Staël** et amateur de **glaïeuls** !

Dans des pièces **contigües** et **exigües**, quand ils consomment leur **alcaloïde** du **cocaïer**, aux effets pervers sur leurs **arachnoïdes** et leurs glandes **thyroïdiennes**, ces **anthropoïdes paranoïaques** ont des visions de **caïmans** ou de **barzoïs** qui rongent leurs os comme des épis de **maïs**;

d'**astéroïdes** ou de quelque autres **sphéroïdes** ou **ovoïdes** leur tombant sur le **mastoïde** en une trajectoire **hélicoïdale, sinusoïdale, spiroïdale,** ou **ellipsoïdale;** d'**égoïnes** leur sciant les **deltoïdes;** de **baïonnettes** ou d'autres objets **métalloïdes** à pointe **aigüe** les transperçant; de fièvres **typhoïdes** les emportant; de rayons **röentgen** leur faisant des **rougeüres;** ou d'amanite **phalloïde** qu'ils mangent ou de **cigüe** qu'ils boivent! Quel **capharnaüm!** Quel **maelström!**

Les plus chanceux, à bord de leur **canoë,** ou de leur **caïque, ouïront** le chant d'une **troïka** de **Naïades.** Pas de **gageüres** car au **taïaut** pourrait succéder un **coït** interrompu...

Des **ouï-dire** sur cette **pagaïe haïssable** parvinrent aux **ouïes** des **tabloïds** : **Loïc** fut **coïnculpé** – les autres? Ce sont deux inaccessibles **raïs** du **Bahreïn** et du **Koweït.** Jugé coupable, on le mena à **l'archaïque** prison des îles **Caïmans** où son **héroïsme** et son **stoïcisme** furent mis à l'épreuve.

Un jour, celui de l'**Aïd el-Fitr,** une lame de forme **trapézoïdale** lui brisa l'os **hyoïde**; il s'**amuït** pour toujours.

•_•

La langue de chez nous (Extrait)
Yves Duteuil

C'est une langue belle avec des mots superbes
Qui porte son histoire à travers ses accents
Où l'on sent la musique et le parfum des herbes
Le fromage de chèvre et le pain de froment

Lectures indigestes (Avril 1991))

Avant-propos. Au moment d'écrire ces lignes, je me sens sous l'influence néfaste d'un charme, dans le sens d'ensorcellement, dont je ne connais pas la cause ni la provenance et auquel je suis incapable de me soustraire. J'en appelle donc à votre indulgence et à votre clémence, pour la suite, chers lecteurs, chères lectrices!

•_•

Où est le hic?

Nick le **sikh**, dit la **Chique** – son **tic**? – Il **mastique** son **mastic** en écoutant de la **pop music**. **Nick**, au **physique unique** grâce à l'**aérobic**, et à l'**éthique élastique, diabolique, sadique, lubrique** et **inique**, – c'est **public** qu'il **trafique**, qu'il est **indic**, qu'il a un **alambic** et qu'il tue à l'**arsenic** et au **plastic** – **Nick**, donc, **pique** le **fric** d'**Éric**.

Un **pique-nique** pour **Nick** et sa **clique**?

Non, car **Dick**, alias **Copernic**, le **chic flic** d'**Amérique**, pour une **brique** ou deux, **rapplique**, s'**implique** et trouve le **hic** («Trouve le **fric**!», **indique Éric** dans sa **supplique**.)

Tactique et **pratique**, l'**héroïque Dick oblique** vers la **crique** où **Nick astique** son **brick antique**; c'est sa **basilique**. Ici, mon **pronostic logique** est **classique** : l'**historique** se **complique** et je m'**expliqu**e.

«**Quick!**» pensa **Dick** en faisant la **nique** à **Nick**; en un **déclic**, clic! Dick pique son pic – un Bic métallique – couic! dans l'**ombilic** de **Nick** qui, pris de **panique tragique** et de **coliques**, – c'est le **diagnostic** – **pique à pic** dans les colchiques, en écrasant un **lombric** et un **porc-épic** avec une **mimique tragi-comique**.

Hystérique mais **stratégique**, voyant **Nick** anémique, tous les **loustics** de la **clique abdiquent** et, avec le **brick**, **piquent** vers l'**Afrique. Bernique!**

«**Chic!**» réplique **Éric**, «le **flic** a mon **fric!!**»

•_•

Une arnaque démoniaque (Avril 1991)

Revenu d'**Irak** en **bac**, sur le lieu de son **bivouac** un peu **bric-à brac**, un **cognac aphrodisiaque** en main, **Jack** le **cosaque vaque**, couché dans son **hamac**, un **snack** dans son **havresac**. **Insomniaque**, chaque **tic-tac** le rend **maniaque**. Le **trac** le **détraque**...

«**Black Jack!** Sors de ta **baraque, macaque!**», ordonne **Mack** le **Micmac**, qui **traque Jack** dans son **cul-de-sac** depuis le **lac**.

«**D'ac!**» répond **Jack** qui, fou **braque**, **plaque Mack**. L'**iliaque craque** : quel coup de **jarnac!** L'**attaque estomaque Mack** mais, du **tac au tac**, tel un **ressac**, il **contre-attaque** et **matraque Jack** de **claques**.

En **vrac** : le **sac** fait **crac!** Le **big mac** fait **flac** dans la **flaque** d'**ammoniac**, un **cloaque**... «**Barnak!**» hurle **Jack**; **cardiaque**, il **claque!**

Dans son **kayak** enduit de **laque opaque**, en route vers sa **baraque**, son **shack** de **Tadoussac**, **Jack raque** et lâche un **couac**: «Mon **big mac**, **simoniaque!**» «Au moins», se dit-il, «il me reste les **pétaques!**»

Le troc du froc (Avril 1991)

Dans une **bicoque équivoque** du **Maroc**, peinture en **cloques**, appelée «*Aux estocs qui s'entrechoquent*», le **stock** de **manioc** est servi dans des **brocs** en **toc** par un ex-**maître-coq** du capitaine **Haddock** et on y écoute du **rock**, mais pas de **baroque** ni du **Bartok**.

Quelques **bocks** de **Baby Duck** dans le **bloc**, le **poids coq Rock**, évoque l'**époque** où son **froc** n'était pas une **loque**. D'un **bloc**, de jeunes **coqs**, des **amerloques**, l'**interloquent** et se **moquent** de lui **ad hoc** en **langue d'oc** : «Tu **débloques**, vieux **schnock**, ton **froc**, c'est une **défroque** de l'**époque** d'**Hénoch**!

Oui, ça **suffoque** et **choque Rock** comme un **électrochoc**, mais tel un **roc**, grâce à **saint Roch** qu'il **invoque**, il **croque** son oeuf à la **coque**, sort, se rend aux **docks** à quelques **blocs** où un **foc** est à réparer. Là, des **chinetoques** l'**escroquent** et **toc**!, **troquent** son **froc** pour quelques **poques** sur la **toque** de **Rock**.

«Eh!» murmure **Rock**, «C'est **loufoque** : on se **moque** de mon **froc**, mais, «**phoque**», il est encore bon pour le **troc**!»

•_•

Ça me revient tout à coup! Les brumes de mon engourdisssement se dissipant, je comprends enfin pourquoi tout ce charabia...

Il était huit heures ce matin-là; j'étais seul pour déjeuner. Ayant veillé assez tard, je n'étais pas en super forme. Tel un automate, je pris au hasard, dans le garde-manger, une boîte de céréales et je m'en versai un bol. Je déposai ensuite la boîte sur la table devant moi et, n'ayant rien d'autre à faire, je parcourus, distraitement, yeux mi-clos, les inscriptions de la susdite boîte et là, par malheur, pendant que je lisais, je tombai dans une torpeur crétinisante qui me poussa, malgré moi, tel un automate, à rédiger les trois textes que vous venez de lire. Les coupables, je les connais : ce sont les trois petits lutins de ma boîte de céréales qui avaient littéralement subjugué mon esprit et ma volonté...

De grâce, parents, ne laissez pas entre les mains innocentes de vos jeunes enfants, des boites de céréales Rice Krispies, les céréales qui font **cric**, **crac** et **croc** quand on y ajoute du lait. Sinon, voyez à quelle dégradation mentale ils s'exposent!

Ah! Ces lectures indigestes...

•_•

Moi, j'mange (Extrait)

Angèle Arseneau

Y en a qui font des enfants, moi je mange
Y en a qui placotent tout l'temps, moi je mange
Y en a qui font de l'artisanat, moi je mange
J'ai pas l'temps de m'occuper d'ça, moi je mange

J'ouvre ma radio
Pis j'me fais un bon snack
J'écoute Ginette Reno
Pis j'mange du «Cracker Jack»

Déçu de ça? (Mars 2017)

François, le **maçon provençal franc-maçon**, ex-**forçat**, se **berçant** dans sa **balançoire**, reçut une **agaçante leçon** de **français conçue** par un **commerçant** en **suçons niçois**. **Désarçonné** par le **sans-façon menaçant** de ce **garçon** au nom **imprononçable**, **grinçant** des dents, **grimaçant**, **renonçant** au **rapiéçage** d'un linge troué d'un **perçage** par **poinçon**, il **fronça** les sourcils et relut le **reçu**.

Commençant par un un **amorçage** par **hameçon**, ce **reçu** était un «entre-**laçage** de mots de **façade** et d'idées **reçues traçant** un **aperçu** du **moins-perçu** dû, et le qualifiant, lui, de **finançable couci-couça**. Mais l'œil **perçant**, il y vit **ça et là** des **effaçures retraçables** de mots **préconçus, glaçants, façon caleçonnade**: **soupçon, forçage, rançon, dépeçage, tronçonnage**; «J'en ai des **glaçons** dans mon **caleçon**!», se dit François, **déçu**. «Ce **commerçant** est un **limaçon**, un **charançon** avec **suçoir**. **Çuila** croit que je suis un **enfançon** aisé à **rançonner**; je ne suis pas **influençable** oh! non, car je suis **carapaçonné**. Je ne sens même pas le **pinçon** laissé par sa **pinçure**, ni son **enfonçage** de **traçoir**! Voilà, c'est en boulette, que je le **façonne** ce **reçu**!»

S'extirpant de sa **balançoire berçante, traçant** son trajet, il prit le bon **tronçon** de route, se **déplaça** jusqu'à la **garçonnière** du **commerçant** et, passant **inaperçu**, monta l'escalier en **colimaçon**, **avança** vers la porte et **lança** des cris **perçants, menaça, dénonçant deçà delà** combien le **reçu** le **courrouça** quand il le **reçut**! Malgré ses **gerçures**, il **défonça** presque la porte sous les coups qu'il **cadençait**. Une

remplaçante Françoise ouvrit et **tança** l'intrus. **François s'annonça.** Cachée dans une **enfonçure** de la **maçonnerie** de la **façade** soutenue par des **étançons**, elle **énonça** : «Le **commerçant** est à des **fiançailles**. Mais il n'est pas **irremplaçable**. Je suis experte en **désamorçage**. Montrez-moi ce **reçu**... Elle le **balança** dans la **rinçure**.» Elle **prononça** : «Vous êtes **chançard**, j'ai **perçu** une **malfaçon façonnée** par un **façonneur** jaloux. Le solde est un **tropperçu**! Entrez!» **Acquiesçant**, il **l'enlaça**, en **exerçant** une douce pression et en **s'efforçant** au calme. Elle lui offrit un **curaçao**, un flan avec **glaçage**, puis elle le **quittança**.

François se voyait déjà **manigançant** et **relançant Françoise** d'un bouquet de **séneçons**...

Ça, ce serait moins **forçant**!

•_•

Encore des mots (Extrait)
Plume Latraverse

Encore des mots
Faudrait ben finir
C'te p'tite chanson qui veut rien dire
Encore des mots
Qui s'pavanent sans vouloir se taire
En compliquant l'vocabulaire

Les potes Ti-Pat et Ti-Pit (Vers 1990)

Le cœur de **Ti-Pat**, **homéopathe**, **palpite** pour une **pute** qui l'**ampute** de ses **pépites**, sur une **carpette**, pour des **pipettes** qui l'**épatent**; près du feu qui **crépite**, il en perd son **toupet**!

Et cela **dépite** son **pote Ti-Pit**, alias **Pitpit**, joueur de **crapette**, jaloux **despote** à la **houpette**.

Dans le **cockpit** d'une **popote décrépite**, **Ti-Pit**, **pompette**, dit à **Ti-Pat** : «**Ti-Pat** mon **pote**, je **capote**! T'es vraiment **crack-pot**! Tu **tripotes** les **pattes** de **putes psychopathes**, et on **papote** même que tu **disputes** à Brad **Pitt** son **spot** à **pot** pour tes **pépites**!»

«Bas les **pattes Ti-Pit** mon **pote**, et pas de **tapettes**!», **rouspète Ti-Pat**, «T'es devenu **psychopathe**? Les **galipettes** que tu **supputes** et que tu m'**imputes**, ce sont des **pets**! Pourquoi tu **chipotes**? Fais ta **popote**, **empote** ta **compote** et canne ta **trempette** qui **clapote**. Je te le **répète**, **saperlipopette** : «Poudre d'**escampette** immédiate pour les **Carpathes** à **perpète**, et pas d'**entourloupette**! Sinon, je **pète** ma coche et je te **tapote** l'**occiput** et le **sinciput**, ou je te **décapite**!»

Ti-Pit se **précipite** vers **Ti-Pat**, son **pote** et, d'un mouvement **centripète** de **serpette**, lui **ampute** le membre **lilliput**. «Échec et **pat**! Finie la **trompette**!», conclut **Ti-Pit**, regardant son ex-**pote Ti-Pat** qui se **carapate**!

Une armée de «lettrés» «sans-papier»! (Mars 2017)

Au **PC** du **QG** de **LA** aux **USA**, une fois jugé **OK** l'**IMC**, l'**ABO** et l'**ADN**, la présence de **LSD**, du **TOC**, de **TMS**, puis le risque de **SRAS**, d'**AVC** et de **VIH**, on mesurera, en **PM**, le **QI** des **GI** à l'aide de **QCM** en format **PDF** de niveau **CEGEP** et **HEC** en **VF** et en **VO**. Pour cela, on leur donnera un **PC**, une adresse **URL** et une clé **USB**. Quatre **MM**, **VIP** en tenue **BCBG**, ont fourni leur **CV** à la **BP** indiquée en **PS**. Ils sont **P.-D.G.** ou membre du **CA** du **CN**, du **CP**, d'une **PME** ou d'une **ONG** au **CA** substantiel, ou **ORL** d'un **CLSC**, – mais aucun **SDF**. Ils s'y disent fanas du **CH**, de **JO**, de **BD**, de **SF**, de **CB**, de radio **FM**, de **TV** et/ou de **CD** et de **MP3**. C'est en **AM** qu'ils ont quitté leur chic **HLM**, sans **GPS** car ils ont pris le **RER** ou le **TGV**.

Ils apprendront, en **EAO** et en **TPE**, avec **FAQ** permise, le **B.A-BA** de leur **PM**, puis l'**ABC** du maniement de la **TNT**, du tir au **PIE**, au **P.M.**, au **F.M.**, à la **DCA** et même au **ICBM** et, aussi, à se protéger des **UV**, des **GES** et des **DDT**. Ils conduiront des **VTT** et des **ULM**.

NB : Envie d'aller **OPC** aux **W-C**? **SVP**, faites une **BA** : apportez votre **P.Q.***; l'armée ne le fournit pas car il coûte trop cher, **TPS** et **TVQ** incluses!

***NDLA** : le **P.Q.**, non pas le parti politique indépendantiste du Québec fondé par René Lévesque au début des années '70 non, plutôt, du **papier hygiénique**. Vous avez bien lu : du papier Q! Il est souvent aussi intéressant qu'essentiel le dictionnaire; vérifiez!... **CQFD**!

NDLD : La rédaction trouvait ce «papier» trop «torché» car comportant trop d'incohérences; lorsque l'auteur, qui lui le trouvait «bonbon», est venu nous le proposer, il fut sorti **M&M**! C'est-à-dire : **manu militari**!

Poste de commande	Quartier général
Los Angeles	États-Unis d'Amérique
Okay	Indice de masse corporelle
Groupes sanguins	Acide désoxyribonucléique
Acide lysergique (drogue)	Trouble obsessionnel compulsif
Trouble musculo-squelettique	Syndrome respiratoire aigu sévère
Accident vasculaire cérébral	Virus immuno-déficient
Après-midi	Quotient intellectuel
Soldat américain	Questionnaire à choix multiples
Format de fichier informatique	
Collège d'enseignement général et professionnel	
Hautes études commerciales	Version française
Version originale	Ordinateur personnel
Adresse de localisation	Périphérique de stockage externe
Messieurs	Personnalité de marque
Bon chic, bon genre	Curriculum vitae
Boîte postale	Post-scriptum
Président directeur général	Conseil d'administration
Canadien National (trains)	Canadien Pacifique (trains)
Petite ou moyenne entreprise	Organisme non gouvernemental
Chiffre d'affaires	Oto-rhino-laryntologiste
Centre local de services communautaires	Sans domicile fixe
Club de hockey Canadien de Montréal	Jeux olympiques
Bande dessinée	Science-fiction
Citizen band (radio à ondes courtes)	Modulation de fréquence radio
Télévision	Disque compact
Fichiers informatisés musique (Internet)	Avant-midi
Habitation à loyer modique	Système de positionnement géographique
Réseau express régional	Train à grande vitesse
Enseignement asisté par ordinateur	Travaux personnels encadrés
Foire aux questions	Notions élémentaires
Préparation militaire	Base d'un art, d'une technique
Trinitrotoluène (explosif)	Pistolet à impuslions électriques (teaser)
Pistolet mitrailleur	Fusil mitrailleur
Défense contre les aéronefs	Missile stratégique sol-sol
Ultra-violets	Gaz à effet de serre
Insecticide organochloré	Véhicules tout-terrain
Petit avion monoplace	Nota bene
Au plus vite	Water-closets (toilettes)
S'il-vous-plaît	Bonne action
Papier de toilette!	Taxe sur les produits et services
Taxe de vente du Québec	Note del'auteur
Note de la rédaction	Ce qu'il fallait démontrer

Jouer en français! (Avril 1991)

Voici des jeux de mots sous forme d'énigmes. Allez, amusez-vous!

Des double-sens :

1. Comment un sot sensé avec un seau sans eau peut-il prendre un thé?
2. Un cygne se reconnaît-il à son nid particulier?
3. Avoir peur sans en avoir l'air, est-ce peu dire?
4. Une laie sans laisse peut-elle donner du lait-santé?
5. Quand la brise perd son air, peut-elle faire le nichoir?
6. Quand la brise perd son air (bis), embrasse-t-elle sans art? Et embarasse-t-elle avec art?

Le français, une langue musicale :

Si, docile, la scie scie, l'ami Rémi Lamy-Doré fait la hutte, là!

De la soupe à l'alphabet :

DCDMAACDTVTIRKIÉÉK7ARVABDKC.ACMUÉÉBTRVACDOK
CKMÉMAALNOBTVATOHÉTIRAπRB7KIÉÉK7.
MAAUDKC7AVOK

Des rébus rebutants :

1.   <u>vent</u>
       nous/Soit dit/nous, <u>il a</u>
                           sauté

2.   <u>tout est sens</u>   le   est
      Là   tout est sens   est le

Jouer en français! (Avril 1991)
Solutions et explications :

Des double-sens :

1. Sot, s'écrit sans «c» (comme dans sceau) prend un «t» même si «seau» n'a pas d'«o».
2. «Cygne» se reconnaît effectivement à son «i» grec.
3. «Peur» sans l'«r», c'est dire «peu» bien sûr!
4. Non, une laie sans l'«s» (comme dans «les») donne du lait, mais avec «t».
5. Oui, quand la brise perd son «r», elle devient «bise», et une bise est assez forte pour faire le nid choir (faire choir le nid).
6. Oui, la bise embrasse (sans «ar»), et elle ambarrasse avec «ar».

Le français, une langue musicale :

Si do si la si si la mi ré mi la mi do ré fa la ut la

De la soupe à l'alphabet :

Décédée, Emma a cédé TV, théière, cahiers et cassettes à Hervé, abbé des cassés. Assez ému et hébété, Hervé a cédé aux cassés qu'a aimés Emma, à Hélène Aubé : tv; à Théo Haché : théière; à Pierre Bessette : cahiers et cassettes. Emma a eu, des cassés, sept avés, au cas...

Des rébus rebutants :

1. Soit dit entre nous, il a souvent sursauté.
2. Là-bas, tout est sens dessus dessous, le bas est en haut, le haut est en bas.

Note : Besoin d'aspirine? J'en vends! C'est vraiment peu cher... peuchère!

DES FLEURS ET DES ÉPINES (Finale)

Les deux frères (Mars 2017)

Dis : pourquoi lui dort-il sur un tapis de fleurs
Alors que frérot doit dormir dans les ronces?
Pourquoi lui ne connaît-il rien des cris, des pleurs
Quand, dans le malheur, la misère, l'autre s'enfonce?

Qui voudrait d'une vie sans sous et sans sourires
Oui, qui opterait pour une vie misérable
D'enfant pataugeant dans une soue sans rires
Battu par un papa aussi saoul que minable?

Ah! Pouvoir choisir sa naissance et son destin!
Que du monde riche et heureux sur cette terre!
Que des gens invités à la vie, à son festin!
Que des enfants heureux et des bras qui les serrent!

Qui a dit que la vie est une loterie?
Qu'elle fait peu de gagnants, beaucoup de perdants
Qui a prêchi-prêché : «Si tu es pauvre, prie!
Tu éviteras l'enfer et son feu ardent?»

Toi, à qui la vie a fait une prise de soumission
Si tu te demandes ce que tu devrais faire :
Saute de ton lit «barbelés», pars en mission
Oui! Ils t'appartiennent les surplus de ton frère!

Comme «maman» fait-elle? (Mars 2017)

J'ai crié, hurlé, tempêté, tout à l'heure
Pour un désagrément sans valeur
Ce rien m'a donné l'âme d'un batailleur :
Je m'en suis pris durement à ma sœur
Maman m'a regardé d'un air grondeur

J'ai fait le dur, l'orgueilleux, le frondeur
Puis j'ai passé au stade destructeur
Fracassant l'un de ses bibelots de valeur
Puis lui lançant ces paroles crève-coeur :
«C'est toi, la source de tous mes malheurs!»

Oui, ce matin, je me suis levé de mal humeur
Maman, je t'en ai fait voir de toutes les couleurs!
Jusqu'à te garrocher ces horreurs...
Je t'ai déçue sur tout, j'en ai bien peur
Non, aujourd'hui je n'ai pas été à la hauteur

Ah! Comme je voudrais être ailleurs!
Je me suis calmé, mais suis resté boudeur
À la fin de la journée, maman m'a dit, toute douceur :
«Endors-toi, je suis là; et dors bien, mon cœur!
Demain, tu verras, sera une journée meilleure»

«Dans les petits pots de la vie, il y a des fleurs
Demain, pense à en offrir une à ta sœur
Je la connais, elle te pardonnera sans rancœur»
Mais rien sur mon ingratitude, sur moi, son «agresseur»!
J'étais déjà pardonné, moi, son enfant disputeur!
Comme «maman» fait-elle? C'est d'une grandeur!

Ô! Si le petit chapeau te fait... (Avril 2017)
Épitaphe

Allô! Ci-gît l'âme d'un honnête mâle, mâtin et bon apôtre
Mû qu'il fût, dès le baptême, comme si piqûre de guêpe
Toujours prêt à sa tâche, à sa quête, qui est nôtre, qui est vôtre :
Naître, croître, bêcher, bûcher, tâcher, ne pas lâcher, bâtir
Mais aussi : pâtir, râler, tempêter, s'entêter, se dépêtrer, mûrir
Mais n'être pas gêné, abêti, traînard, crâneur, lâche ou traître
Avec opiniâtreté, se hâter vers le toît, le dôme, le faîte!
Môme folâtre, il a rêvé sans trêve, sans bâillon, sans chaînes
Sans arêtes, sans rênes, sans clôtures, sans cloître ni geôle

Il a côtoyé le bêta, le bellâtre, le bélître, le forçat, la pimbêche
Le hâbleur, le fâcheux, le fêlé, le reître, l'âne bâté, la marâtre
Sans renâcler, il a tâté du bât en frêne de l'ânier sur le crâne
Et du bâton de genêt ou de chêne brunâtre aoûté sur les côtes
Un maître l'a châtié, lui brûlant la tête dans l'âtre ou le poêle
Il a bâillé, sans arrêt, enchaîné au mât d'un bâtiment, un trois-mâts

Qu'il payât son impôt sitôt dû ou plus intérêt, et sa dîme, c'est sûr!
Onc ne vit de clôtures ni de fenêtres qu'on clôt à sa bâtisse
Il a dîné : huîtres fraîches et châtaignes sous la voûte bleuâtre
Il s'est soûlé de moût en fût et goûté à sa pêche, goulûment
Il fut l'hôte, l'icône du rôdeur et du quêteux dans la gêne
Leur offrant l'aumône du gîte, du vêtement et de la pâtée
L'être, le pêcheur qu'il fût, âpre à sa croûte, jamais chômeur
Vêtu comme un pâlot pâtre benoît qui fait paître ses bêtes
Prêchait, pêle-mêle, le jeûne, le carême, et fêtait ses pâques
Il trônait sur ses conquêtes... puis, l'embûche, le râle suprême!
Il mâcha et remâcha : «Flûte! Je suis empêṭré et embêté!
Malgré le dégât, pas de protêt sur l'aîné qu'il eût pu être!»

Il fut entraîné, indûment, trop tôt, avant l'âge, dans l'abîme
Qu'il s'en fût sans blâme le drôle, on le reconnaît, idem qu'il méritât
Le chrême saumâtre qu'on lui versât continûment sur lui
Dès l'épître et le prône, un bêtisier prêchi-prêcha, rabâcheur
Bâclé, sur la disgrâce des traînées et des êtres dégoûtants et infâmes
L'évêque, ah! qu'il eût voulu qu'il obtînt des grâces extrêmes!

Aujourd'hui, on le clôt dans une châsse de tôle rougeâtre
Où des fantômes, pâles, blêmes, blanchâtres, au hâle d'albâtre
Les mânes hâves de ses ancêtres, flânant, rôdant, l'entraînent
Vers son châtiment : une île, une forêt, un théâtre, un château?
Le prêche du prêtre : «Qu'on lui donnât tantôt ce qui lui plaît!
Que le suppôt idolâtre, croûton acariâtre, à l'affût, ne lui ôtât pas
Ou, crûment, nûment, qu'il soit blâmé et qu'en enfer il soit rôti!»

NAÎTRE

SOUFF  RIRE

MOURIR